日记 西安事变

——扭转乾坤的十四天

陈虎／编著

華藝出版社
HUA YI PUBLISHING HOUSE

图书在版编目（CIP）数据

日记西安事变 / 陈虎编著 . -- 北京 : 华艺出版社，
2016.11
ISBN 978-7-80252-597-9
Ⅰ . ①日… Ⅱ . ①陈… Ⅲ . ①西安事变—史料 Ⅳ .
① K264.806

Ⅰ . ①责… Ⅱ . ①李… Ⅲ . ①人际关系学—通俗读物
Ⅳ . ① C912. 1-49

中国版本图书馆 CIP 数据核字 (2016) 第 278253 号

日记西安事变

编　　著：陈　虎
责任编辑：陈娜娜
装帧设计：创世禧图文
出版发行：华艺出版社
社　　址：北京市海淀区北四环中路 229 号海泰大厦 10 层
电　　话：010-82885151
邮　　编：100083
电子信箱：huayip@vip.sina.com
网　　站：www.huayicbs.com
印　　刷：北京天正元印刷有限公司
开　　本：1/16
字　　数：196 千字
印　　张：14.75
版　　次：2017 年 1 月第 1 版
书　　号：ISBN 978-7-80252-597-9
定　　价：32.00 元

写在前面

西安事变至今已快过去八十年了，可海内外专家学者探究西安事变真相的兴趣和努力却始终不减，原因何在呢？用一位学者的话说："西安事变从12月12日'捉蒋'到同月25日'放蒋'，首尾不过半个月，其始亦惊天，其终亦动地。西安事变在当时令人扑朔迷离、惊诧莫解，而对后世却影响深远，众说纷纭。关注西安事变的人，无论你站在什么立场说话，谁都不能不承认此一事变改变了近代中国历史的走向。"

正像这位学者说的，西安事变"其始亦惊天，其终亦动地"。据张学良的侍卫副官回忆，当12月12日早晨，张学良听说自己部下活捉了蒋介石的消息时，激动地对在场的人说："我和杨主任胆大包天，把天戳了一个窟窿，蒋委员长让我们捉起来了，这件事怎样收场，我和杨主任要想办法，你们也要想办法"。可见，当时张学良和杨虎城捉蒋时并没有考虑好如何收场。正是经过了十四天的国内外各种政治势力的激烈博弈，最终让张学良做出了又一惊天动地的决定：放蒋并亲自送蒋回南京。当张学良陪蒋介石一同出现在洛阳机场时，让在场迎接蒋委员长的国民党高官们惊呆了。而张学良的表现是"我就倒头睡觉了，累得很，太困了。"张表白，西安事变发动之后，"那时候我忙的了不得，应付着各方面的事情，我差不多都好几天晚上没睡觉，连睡觉的时间都没有了，四面八方的"。

而这十四天都发生了哪些波澜汹涌的政治风云，让张学良连睡觉的时间都没有，最后迫使他做出这样惊人的举动。本书在占有各方面大量

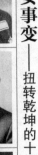

日记西安事变——扭转乾坤的十四天

高价值史料（不仅仅是当事人的回忆录，更重要的档案材料，即国内外涉及该事件各方面来往的文件、电报、报纸、日记及手稿等）的基础上，勾勒出从 1936 年 12 月 12 日张、杨发动西安事变捉获蒋介石，到 1936 年 12 月 25 日圣诞节当日张学良送蒋介石上飞机为止这十四天内，每天发生的重大事情和事态发展的脉络，并选配了大量鲜为人知的照片、报样、手稿对该书予以充实，以图文并茂的形态再现 80 年前西安事变那扭转乾坤的十四天历程。

至于说到西安事变对近代中国历史走向的影响，用"扭转乾坤"来形容毫不为过。毛泽东曾这样评价西安事变说："西安事变是国民党转变的关键，没有西安事变，转变时期也许会延长，因为一定要有一种力量来逼着他转变，十年内战，什么来结束内战，就是西安事变。"正是由于西安事变结束了国共内战，使中共领导的红军和陕北苏区摆脱了难以为继的困境。毛泽东曾形象地表白："西安事变把我们从牢狱之灾中解救了出来。"事变第十一天（12 月 22 日），毛泽东在一封给周恩来的电报中提到，"陕北苏区均恢复，瓦窑堡、延川、延长、延安均入我手。"因此也可以说，是西安事变的和平解决为陕北革命根据地的稳定与发展提供了重要的历史契机。

尽管西安事变的和平解决促成了国共两党的第二次合作，开创了全民族共同对付日本帝国主义侵略的有利局面，但在国民党方面还是认为自己吞吃了一颗苦果。国民党政权退败台湾后，曾任过国民党中央执行委员的刘建群这样写道："西安事变，在中华民国历史上，真算得是惊天动地的空前巨变！安内攘外的国策，到此碰壁。为祸中国的中共匪帮绝处逢生。更利用对日八年抗战的机会，颠覆国民政府，窃据大陆，于今十又七年。国共一正一邪，其盛虚胜负之数，由此划分。"他对西安事变的态度是"万分的遗憾和沉痛。"而蒋介石自然也是把国民党政府败退到台湾的责任怪罪在张、杨发动的西安事变上。蒋曾气哼哼地说："他（张学良）是国家的罪人，国家到今天都是他弄的，他早该死了，多少人要杀他，他知道不？"一方面说张、杨是"民族英雄""爱国将领""千古功臣"，而一方面认为他们是"千古罪人"，这就是历史。千秋功罪，任人评说。

《日记西安事变》是继《解放日记》《长征日记》《长征后记》（西路军日记）之后，作者撰写的又一部日记体写史力作，以此纪念西安事变爆发80周年，以飨读者对西安事变内幕和发展变化过程的客观、真实、准确、全面的了解。本书照片主要来源于记载民国时期的史料及相关出版物。

陈　虎
2016 年 3 月

目 录

日记西安事变——扭转乾坤的十四天

1936

西安事变前夜

我跟蒋先生两个冲突，没旁的冲突，就是冲突这两句话，就是两句话：他是要"安内攘外"，我是要"攘外安内"。我们两个冲突就是冲突这点，没有旁的冲突，一点冲突没有，旁的没有冲突。

——张学良

1936年12月5日国民党政府中央社西安电："蒋（介石）委员长四日晨九时四十分偕张学良（西北剿匪总司令部副司令）、钱大钧（委员长侍从室主任）等乘陇海路专车由洛阳来陕，晚九时抵省。邵力子（国民党陕西省政府主席）、杨虎城（国民党十七路军总指挥兼西安绥靖公署主任）及朱绍良（甘肃绥靖公署主任）等均至站欢迎，蒋与欢迎各员略事寒暄后，即赴行辕（临潼华清池）休息。"

这条来自中央社的电文摘自12月7日国民党《中央日报》，这看上去本是一条只有68个字的关于蒋介石出行的普通消息，但它却意味着举世震惊的西安事变这场惊心动魄、跌宕起伏的大戏就此拉开帷幕。

作为蒋介石的前任侍从室主任、时任西北剿匪总司令部参谋长的晏道刚也在迎蒋的官员行列之

12月6日《西京民报》报道：蒋介石抵达西安

中，他披露了这样一个细节："蒋的专列到达临潼，杨（虎城）、邵（力子）与我三人在月台上见张学良于列车刚停时便从蒋的车厢走下，面红耳赤，一面走一面对杨等3人说：'我正被委员长骂的不得了，你们快上去，我在钱慕尹（钱大钧）车厢里等你们！'"是什么原因让张学良和蒋介石争论得面红耳赤，而被蒋介石骂得恨不得一分钟都不能忍受呢？这正是导致西安事变爆发的导火索，用张学良53年后口述西安事变的话说："我跟蒋先生两个冲突，没旁的冲突，就是冲突这两句话，就是两句话：他是要'安内攘外'，我是要'攘外安内'。我们两个冲突就是冲突这点，没有旁的冲突，一点冲突没有，旁的没有冲突。"

自1927年国共两党分裂之后，共产党就始终是蒋介石的心头大患，他对视为"匪"的共产党人进行了将近10年的围剿，到1936年底，已把活跃在全国各地的几十万共产党武装力量压缩到西北贫瘠、方圆不大的区域，人数已不足十万人，而且面临着缺衣缺粮缺武器的极端困境。在蒋介石认为，剿匪大业，攘外必先安内的大政方针成功在即，特别是

张学良

下半年在平定了两广事变之后，蒋介石更是踌躇满志，他调集大兵，全线压上，准备毕其功于一役。用蒋的话说，消灭共产党红军"已到最后五分钟成功之阶段"。

而身为西北剿共前线总指挥的张学良可没有这么好的心情，自1935年9月他出任西北剿总副司令仅三个月就连吃三个败仗，一个师长阵亡，一个师长被俘，七个团长阵亡或被俘，为东北军历史上不曾有过的重大损失。南京政府对东北军非但不予补充，反而撤销了一一○师、

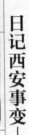

——九师番号，减发军饷，对生者不安置，对死者不抚恤。正像《三民主义周刊》报道的传闻所说："这次指定东北军剿共，实为计划消灭东北军，就像以前消灭地方军一样。"残酷的现实让张学良与自己的对手开始接触，经过与共产党方面几轮会谈，特别是 1936 年 4 月与周恩来的会谈，让张学良下决心与中共合作，"停止内战，一致抗日"。对于与周恩来的这次会面张学良记忆犹新，为此他在晚年口述历史中曾说过："我们俩一见面，他一句话就把我刺透了。"他对周恩来的评价是："中国现代人物，我最佩服的是周恩来，我最佩服他"。张学良并向周恩来明确表示，说服蒋介石的工作他负责。在对待蒋介石的问题上，中共方面则接受了张学良的建议，改变原先"反蒋抗日"的主张，达成"逼蒋抗日"的共识，张学良表示："你们在外面逼，我在里面逼，内外夹攻"。

前线停止敌对行为的氛围，很快就传到了西北剿总司令部参谋长、蒋介石的亲信晏道刚的耳朵里，晏说："前线军队彼此各守原防，好像国共双方互不侵犯似的，甚至前线官兵彼此还有联系。张学良既对我隐讳，我亦不能向张明说。"

而抱定了一举完成剿共大业的蒋介石，岂能容忍剿共战场上的平静？在大举围剿红军的通渭战役打响之际，蒋于 1936 年 10 月 22 日飞抵西安。蒋介石此行名为避寿，实为披挂上阵，亲临前线督战。而抱定了"逼蒋抗日"的张学良也下了狠心，要借蒋西北之行，舍命面谏，水火不相容的两种观点即将开始交锋了。

蒋介石

蒋、张的第一次直面交锋发生在 10 月 27 日，张借蒋约见自己谈话之机表明："部队厌战情绪很大，不愿意打内战。停止内战，一致抗日，并不是（张学良）个人的意见，广大官兵都有共同的意愿。"蒋介石闻此大发雷霆："军人以服从命令为天职，我叫你向东，你就该向东，我叫你去死，你就得去死，不要问为什么。"当天，蒋介石在王曲军官训练团开学典礼上的讲话中大讲"安内攘外"的国策。蒋坦言日寇是外敌，共产党是内患，内患之害甚于外敌，内患不除，便无法抗击外敌。明确指明"东北军的任务是剿共"，"不积极剿共而言抗日，便是是非不明，前后倒置，在家不孝，在国不忠"，"对不忠不孝的军人要制裁"。

不顾蒋介石的训斥和恐吓，借蒋介石在洛阳过寿之机，张学良约了国民政府元老、太原绥靖公署主任阎锡山共同向蒋提出"停止内战，共同抗日"的主张。张、阎的进言再次惹得蒋介石大怒，他厉声质问张、阎："是我服从你们，还是你们服从我？"当日，蒋在洛阳军分校发表训话中声称："勾结日本人是汉奸，勾结共产党也是汉奸。""有人想联共，任何想与共产党人联合的都比殷如耕（日本人扶植的'冀东防共自治政府'主席）还不如。"蒋介石这一番含沙射影的训斥，让坐在台下的张学良心里很不是滋味。

尽管如此，张学良还是在 12 月 3 日，蒋即将赴陕之际，亲驾飞机飞赴洛阳，向蒋提出停止内战，让东北军赴绥远抗战，释放在上海被拘捕的爱国七君子三条

蒋介石 10 月 29 日在洛阳军分校发表训话

要求，对此蒋介石均断然拒绝。张学良气急之下，指责蒋介石专制，与袁世凯、张宗昌没有什么区别。蒋介石闻之大怒，指着张学良说："全中国只有你一个人这样看，除了在西北，除了你张学良，没有人敢这样对我讲话和批评我，我是委员长，我是革命政府，我这样做，就是革命，不服从我，就是反革命！革命的进来，不革命的滚出去。"话说到这份儿上，张学良无言以对，于是就有了晏道刚在西安火车站看到的张学良面红耳赤地从蒋的车厢走下来的那一幕。

12月4日蒋介石二次来到西安，意在与张学良、杨虎城做最后摊牌。蒋在12月2日的日记中对此行西安的目的写得很清楚："东北军之兵心，为察绥战事而动摇，则剿赤之举，或将功亏一篑。此实为国家安危最后之关键，故余不可不进驻西安，以资震慑，而挽危局。"蒋此行西安仍旧住在距西安以东30公里的临潼，骊山脚下的华清池，内有中央宪兵团守卫，外有东北军张学良的卫队警戒。

12月6日，蒋介石在华清池行辕召见张学良、杨虎城，告诉他们只有两条路可走，或继续全力剿共，或将东北军和十七路军分别调往福建、安徽，两条路对张、杨所部都是死路。次日（12月7日）上午，张学良抱定破釜沉舟的决心，提出蒋介石如能接受张的主张，共产党会拥护蒋为全中国的领袖。蒋介石不领这份情，声称"我绝不做共产党承

《西京民报》报道：蒋介石宴请西北"剿匪"将领

认的领袖，现在你就是拿枪把我打死，我的剿共计划也不能改变"。张学良在他晚年的口述历史中提到他曾对蒋介石说："共产党你剿不了。"蒋问为什么，张回答："共产党有人心，我们没人心。"为此，张学良遭到蒋介石一顿大骂。与张学良争论的第二天，即12月8日，蒋在召见杨虎城及东北军高级军官王以哲、刘多荃等再次明确表示，"对付这些残余之众（指共产党红军），消灭他们有绝对把握"，"现在剿共战事仅剩最后五分钟"。蒋要求东北军、十七路军必须"服从命令、努力剿共"。张、杨对蒋的多次"劝谏"甚至是"哭谏"都不能打动蒋介石"剿共"的铁石心肠，这就把张、杨逼到了"兵谏"的绝路上。

杨虎城

"兵谏"的想法源于张学良10月30日赴洛阳给蒋祝寿后回来不久，与杨虎城的一次推心置腹的谈话中，是杨虎城首先提出来这个办法的。杨的意思是：等蒋再到西安，将蒋扣起来，"来一个挟天子以令诸侯。"继而，11月下旬在平凉召开的一次秘密会议上，张提出准备电邀蒋到西安，做最后净谏，若其拒绝，将以武力扣留，实行兵谏。张学良的这个想法得到与会者一致赞同，而参加这次平凉会议的东北军将领有王以哲、于学忠、高福源、唐君尧等，十七路军只有杨虎城出席。

12月8日上午，张学良、杨虎城在杨的官邸芷园决定采取对蒋实行"兵谏"，并初步商定了"兵谏"行动方案和两军的分工。抓蒋的任务由东北军负责，但具体行动日期并没有定。12月8日下午，张学良

借故带即将执行指挥抓蒋任务的刘桂五（东北军骑六师十八团团长）到华清池拜会蒋介石，张的真实目是让刘桂五熟悉地形。

12月9日，"一二·九"运动一周年，这天发生的两件事让张学良不能再不下决心"兵谏"了。当天，西安大、中、小学生一万多人游行，要求国民党南京政府"停止内战，一致抗日"，游行队伍得知蒋介石在临潼，遂冲破军警、宪兵的阻挠，急速向临潼挺进。蒋介石闻之大怒，派兵在十里埔阻截，并且下令"学生再前进一步，格杀勿论"。千钧一发之际，张学良赶到现场，劝说学生把请愿书交给自己代为转交蒋介石，并承诺一周内用事实给学生们一个答复。劝退学生之后，张学良再次赴华清池面见蒋介石，希望蒋能回心转意，接受学生们的爱国主张，又受到蒋的一番训斥。当晚，蒋介石在日记中写道："对张学良说话，不可太重。张学良为人小事精明，而心志不定，可悲也。"而张学良在他晚年的口述中称："他一句话（指'机关枪不打日本人打学生'）把我激怒了，我真怒了。怒了什么呢？我意思是这么一句话：你这老头

"一二·九"运动一周年，西安学生上街游行请愿

子，我要教训教训你！"彻底对张学良失去信心的蒋介石当天亲自给陕西省政府主席邵力子写了一纸手谕，意在解除张学良的兵权。"手谕"全文如下：

　　力子主席兄勋鉴：

　　　　可密嘱驻陕大公报记者发表以下之消息：蒋鼎文、卫立煌先后皆到西安，闻蒋委员长已派蒋鼎文为西北剿匪军前敌总司令，卫立煌为晋绥陕宁四省边区总指挥。陈诚亦来陕谒蒋，闻将以军政部次长名义指挥绥东中央军各部队云。但此消息不必交中央社及其记者，西安各报亦不必发表为要！

中　正

十二月九日

　　蒋介石让邵力子在《大公报》转发的密嘱，刊登于12月12日《大公报》的要闻版，《大公报》是用大字号"蒋鼎文负责剿共"作为主题的。而张学良的心腹部下黎天才在他写的《黎天才自传》中也曾披露，事变发生前夜，张学良对黎天才说："蒋鼎文非正式地对我流露，劝我交出兵权，这一定是蒋指使他说的。我不能出卖我的部下，我要抢先一步回答他。"

　　对蒋介石彻底失望的张学良加快了"兵谏"准备的步伐，12月10日上午，张以到"行辕"谒蒋"请训"为名，带着东北军骑兵师师长白凤翔等来到华清池察看地形。白凤翔是执行抓蒋任务的又一重要指挥官，张学良不放过最后的机会，再一次对蒋劝谏，杨虎城也于当日亲赴临潼劝蒋促合，均遭到蒋介石的痛斥和拒绝。

　　至此，蒋介石与张学良、杨虎城在"剿共"问题上政见的尖锐对立已到了最后摊牌的日子。12月11日当天，蒋介石将九日写好的对蒋鼎文、卫立煌、陈诚等人的任命手谕交给陕西省政府主席邵力子，要邵

即送大公报发表，暗示由此三人取代张、杨"剿共"的军权。同日，蒋在华清池行辕召集参谋人员会议，决定于12日颁布"剿共"总攻击令，张、杨两部如不听命令，即就地解决张、杨的武装，而逮捕张、杨两部赤色分子的黑名单也在拟就之中，即将执行。

而已决定对蒋实施兵谏的张学良、杨虎城此时已是只待时机成熟。当天上午，张学良命自己的心腹部下黎天才（西北"剿总"政训处少将副处长）到临潼拜见蒋介石，对蒋做最后的规劝，照旧碰了壁。蒋介石对黎天才当天来拜访一事，有这样一段记载："黎天才等忽来求见，事先未约定，殊觉突兀。黎谈话时对剿匪方针表示怀疑，与汉卿（即张学良）昨日所言者如出一辙，知其受毒已深，痛切诚斥之。"而各方传来的消息迫使张、杨于当天下午做出最后决定：逼蒋抗日的兵谏定于明日凌晨实施。

当天的西安和临潼表面上平静如常，当晚杨虎城在西北剿总司令部驻地新城大楼设晚宴热情款待随蒋来到西安的国民党南京政府军政要员，而张学良当晚则在临潼蒋的行辕周旋于蒋的左右多时。张、杨面露笑容，把当晚的表面文章做足后，即匆匆赶回各自的驻地，分别在金家巷公馆和芷园召集东北军和十七路军的紧急军事会议，郑重宣布两军合作，对蒋实行兵谏，"扣留蒋介石，逼他抗日"。

国民党南京政府军政部次长陈诚对西安的火药味似乎有所闻，当日曾建议蒋即日改乘火车离开临潼，蒋没有采纳。但蒋介石在他当天的日记中曾提到："汉卿今日形色匆遽，精神恍惚，余甚以为异。殆以彼昨来见时受余责斥，因而不快欤？或彼已闻余训责黎天才之而不安欤？临睡思之终不明其故。以时迟，亦遂置之。"

就在蒋介石进入梦乡之际，东北军兵谏部队按计划迅速集结于临潼，将蒋的华清池行辕团团围住。凌晨5时左右，枪声打响了，经过一番激战，东北军卫队营很快攻占了华清池行辕，但却没发现蒋介石，这让坐镇总指挥部的张学良焦虑不安，他在电话上对捉蒋部队总指挥刘多荃师长说："如果到 9 点找不到委员长，就把你的头送来见我。"8 时许，临潼电话响起，蒋在华清池后山被发现，并已由专人将其安全送往西安。当张学良听此消息后，激动地向在场的人说："我和杨主任胆大包天，把天戳了一个窟窿，蒋委员长让我们捉起来了。这件事怎样收场，我和杨主任要想办法，你们也要想办法。目前国家民族的命运掌握在我们手里，我们不能胡闹，要对全国人民负责。"

东北军在华清池行辕采取扣蒋行动的同时，杨虎城的十七路军在西安城里也动手了。十七路军宪兵营迅速包围了西京招待所，扣押了随蒋来到西安的国民党南京政府党政军所有要员，同时十七路军警备二旅也迅速占领了国民党陕西省党部、火车站，电报大楼、公安局和西关机场，机场内停留的 50 多架飞机均被扣留。

据张学良卫队二营营长孙铭九回忆：在张学良宣布决定采取扣蒋行动时，于学忠（东北军五十一军军长）曾问张学良："第二步怎么办？"张回答说："先扣了再说，只要他答应我们抗日，还拥护他做领袖。"现在扣蒋的行动成功了，"第二步怎么办呢？""如何收场呢？"接下来的两周是对各方面的严峻考验，是各种政治势力激烈的博弈、扭转乾坤的 14 天启程了。

1936

12 月 12 日
星期六

我和杨主任胆大包天，把天戳了一个窟窿，蒋委员长让我们提起来了。这件事怎样收场，我和杨主任要想办法，你们也要想办法。目前国家民族的命运掌握在我们手里，我们不能胡闹，要对全国人民负责。

——张学良

蒋介石骊山上被捉，随行大员西安被扣
八项主张通电全国，消息震惊国共高层

　　根据蒋介石日记，东北军扣蒋行动枪声打响时，时间是凌晨5时半，蒋"床上运动毕正在披衣"。起初，蒋还以为是东北军"一部之兵变，必系赤匪煽惑驻临潼部队暴动，而非汉卿有整个之计划"。待蒋逃到后山，身陷四面重围之中，方意识到"此绝非局部之兵变，而为东北军整个之叛乱。遂亦不再作避免之计，决计仍回行辕，再作计较。乃只身疾行下山。乃至山腹，失足陷入一岩穴中，荆棘丛生，仅可容身"。

蒋介石被捉地

蒋的日记承认东北军参与扣蒋行动官兵没有伤害他的意思，他在岩穴中听到有士兵说要开枪，即被另一士兵呵止"不要胡闹"。蒋称孙铭九营长见到他时，很客气地连声说"请委员长下山"。而孙铭九在回忆录中说，蒋介石见到他的面，第一句话就是："你打死我吧"。孙铭九向蒋解释："副司令要委员长领导我们抗日，没有叫我打死委员长。"孙铭九劝蒋介石说："此地不安全，请

孙铭九

委员长还是赶快下山去吧。""副司令在那里（西安）等着你呢！"蒋介石在日记中解释，他是"欲见汉卿询其究竟"才同意跟孙铭九等人进入西安城的。

蒋介石首先被押解到西北剿总公署所在地新城大楼，交由杨虎城的十七路军宪兵营看管，负责人是营长宋文梅，这是当天上午 10 时许的事情。约莫半小时后，张学良来见蒋介石，仍称其为委员长，并说"有意见欲向委员长陈述之"。蒋在日记中写道，他的回答是："尔尚称余为委员长乎？即认余为上官，则应遵余命令，送余回洛阳，否则汝为叛逆，余已为汝叛逆所俘，应即将余枪杀，此外无其他可言也"。尽管如此，张学良还是保持镇静，向蒋解释，此次行动之动机，"非叛变而为革命"，并说："此间事非余一人所能做主，乃多数人共同之主张。余今发动此举，当交人民公断。倘国民赞同余等之主张，则可证明余等乃代表全国之公意，委员长即可明余之主张为不谬，请委员长退休，由我来干；如舆论不赞同，则余应认错，请委员长再出来收拾。余始终自信为无负于委员长之教训，现在请委员长息怒，徐徐考虑之。"蒋介石当然不能接受，对张再次表示："尔如有勇气，则立时毙余；不然，则认错

悔罪，立时释余。"张学良出于蒋介石的安全考虑，想让蒋搬到自己的住处，蒋不答应。蒋要求见邵力子，张学良即通知邵力子来见。邵力子对蒋有所规劝，但蒋的态度非常坚决，他对邵力子说："即彼（指张学良）欲要挟余发布何种命令，或签认何种条件，余亦宁死必不受胁迫。余若稍事迁就，以求苟全性命，将何以对四万万国民之付托耶？"蒋当天以绝食表示抗议。他当天日记的最后一句话是："是日，终日未进食，侍役皆彻夜未睡，午夜一时，宋（文梅）尚入室视余。"

当天下午，张学良亲自来到西京招待所看望扣押在这里的国民党南京政府军政要员。根据在押的国民党政府军政部次长陈诚的回忆录，张学良对陈诚表示蒋的安全"绝无问题"，"不过他的脾气太坏，完全不准人家说话，至于我发动此举用意，计有八项主张，业已通电全国，兄等之名亦已列入，稍待即可送来一阅。"这里张学良说的"业已通电全国的八项主张"出自张学良的心腹要员、时任西北"剿总"政训处少将副处长黎天才之手。这份600多字举足轻重的通电，张学良是在11日晚10时交代给黎天才起草的，黎天才只用了不到两个小时就完成了通电

西京招待所

的草稿。对这个通电和八项主张，国民党元老李济深、中共代表团团长周恩来都给予了高度评价。据黎天才自述中描写，周恩来曾亲口对黎天才说："这次如果没有这种内容的通电及其八项主张，事变的意义，将来在历史上更混沌了。"事实上这两个文件为和平解决西安事变发挥了重要的作用。这个通电于当日向全国发出，当天在西安广为散发的两个《号外》，第二号《号外》即张、杨的《八项救国主张》。

以下是以张学良、杨虎城名义发表的对时局宣言，即通电全文：

南京中央执行委员会国民政府林主席钧鉴、暨各院部会勋鉴、各绥靖主任、各总司令、各省主席、各救国联合会、各机关、各法团、各报馆、各学校均鉴：

东北沦亡，时逾五载，国权凌夷，疆土日蹙，淞沪协定屈辱于前，塘沽、何梅协定继之于后，凡属国人，无不痛心。近来国际形势豹变，相互勾结，以我国家民族为牺牲。绥东战起，群情鼎沸，士气激昂。在此时机，我中枢领袖应如何激励军民，发动全国之整个抗战！乃前方之守土将士浴血杀敌，后方之外交当局仍力谋妥协。自上海爱国冤狱爆发，世界震惊，举国痛心，爱国获罪，令人发指！蒋委员长介公受群小包围，弃绝民众，误国咎深。学良等涕泣进谏，屡遭重斥。昨日西安学生举行救国运动，竟嗾使警察枪杀爱国幼童，稍具人心，孰忍出此！学良等多年袍泽，不忍坐视，因对介公为最后之诤谏，保其安全，促其反省。西北军民一致主张如下：

一、改组现在南京政府，容纳各党各派人才共同负责救国。

二、停止一切内战。

三、立即释放上海被捕之爱国领袖。

四、释放全国一切政治犯。

五、开放民众爱国运动。

六、保障人民集会结社一切之政治自由。

七、确实遵行孙总理遗嘱。

八、立即召开救国会议。

以上八项为我等西北军民一致之救国主张，望诸公俯顺舆情，开诚采纳，为国家开将来一线之生机，涤已往误国之愆尤。大义当前，不容反顾，只求于救亡主张贯彻，有济于国家，为功为罪，一听国人之处置。临电不胜迫切待命之至！

该通电署名人有张学良、杨虎城、朱绍良、马占山、于学忠、陈诚、邵力子、蒋鼎文、陈调元、卫立煌、钱大钧、何柱国、冯钦哉、孙蔚如、陈继承、王以哲、万耀煌、董英斌、缪澂流。

当然，在押的陈诚等人是不认可他们的署名的，在押的时任国民党军二十五军军长万耀煌在他的回忆录中就提及"下面署名的连我和陈诚、蒋鼎文均在内，真是啼笑皆非"。

1936年12月12日，西安事变当日发布的第一号《号外》

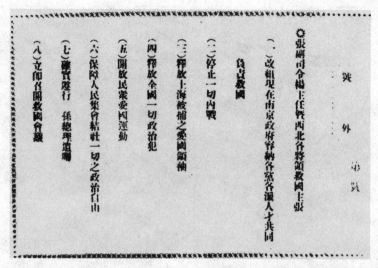

西安事变当日发布的第二号《号外》，即张、杨《八项救国主张》

当日凌晨，西安城里的枪声还是惊动了不少人。作为 12 月 9 日学生游行请愿的领头人宋黎当时住在张学良公馆东楼，他回忆"3 点多钟，忽听城内枪声四起"，住在同屋的吕正操（时任张学良的内勤副官）还问他"怎么回事"。他描述："一大早，《西京民报》的《号外》——《张学良、杨虎城发动兵谏捉起蒋介石》就抛洒满城，并发表《时局通电》，提出八项主张。得知这一惊世消息，我激动难忍，立即离开张公馆，设法穿过街上林立的岗哨，来到东城门楼学兵队。此时的学兵队已经沸腾了，到处可闻'公审蒋介石，枪毙蒋介石'的呼声。"

而作为西安市第一师范学校学生的惠毅然回忆，12 日当天凌晨他也听到了枪声，天亮后学校的大门仍旧关着，不让人出入，他们是从门缝里塞进来的传单上得知蒋介石被扣押和八项主张的。到了中午，学校的大门也打开了，可以自由出入了。对于市面上的情况，惠毅然说："比较紧张，但大多数商店都还正常营业，大街小巷都在议论这件事，市民的心情还是很愉快的。"

而作为国民党《中央日报》记者的唐君如也被枪声惊醒，他描述：至 7 时余，始有绥靖公署派人沿街高呼，让老百姓不要惊慌。8 时余，

南京政府飞机在西安上空掠过

街上即有汽车往来，散布预先印就之号外传单。他说当时"各街市均有兵把守，禁止通行。12 时许，忽有中央飞机 30 余在空中盘飞，历时颇久。人心至此极为恐慌，对此突发之事，无不万分悲愤。至午后一时许，《西北文化日报》《西京日报》首发号外，传布此项消息"。唐君如称"是日，全市商店均闭歇，并油盐酱醋亦不能购得"。

　　而外部世界最先知道西安事变消息的是身在保安的中国共产党领导中枢。根据时任中央机要局秘书童小鹏日记记载，当天接收到来自西安的电报有两次，其一，"凌晨，西安刘鼎台（中共驻东北军代表）连来急电，张学良、杨虎城在西安逮捕了蒋介石和一批高级官员，（叶）子龙即将来电送毛主席，周副主席。"其二，"电报又来了，张、杨要求党中央派代表团去西安共商抗日救亡大计，并准备派飞机到保安迎接。但保安没机场，临时修来不及，经商定到延安去上飞机。"童小鹏在日记中描述：同住在一个石窑洞的译电人员都高兴地跳起来了，这个说：要把蒋介石押到保安来公审，那个说：蒋介石这下真是"蒋该死"了，赶快把他枪毙，不要让他跑了。而中央首长整日在毛主席的石窑洞内开会，讨论处理西安事变的方针政策。

根据当天中共中央书记处致共产国际执委会书记处关于西安事变详情的电文，张学良给毛泽东、周恩来的电报是当天早晨 6 时收到的，刘鼎台发来的电报是当天中午 12 时收到的，而发给共产国际执委会书记处的电文基本是张学良和刘鼎台原电文转载，但也稍有出入。例如，转载的张学良电报第一句话"蒋介石反革命面目已毕现"，在张的电报原文中似没有。

中共中央书记处致共产国际执委会书记处电报全文如下：

（甲）张学良十二日六时电称：蒋介石反革命面目已毕现，吾等为中华民族及抗日前途利益计，不顾一切，已将蒋介石及其重要将领陈诚、朱绍良、蒋鼎文、卫立煌等扣留，迫其释放爱国分子，改组联合政府。兄等有何高见？速复。并望红军速集中于环县一带，以便共同行动，防胡（宗南）敌南进等语。

（乙）刘鼎十二日十二时电称：十二日六时已将蒋介石、陈诚、朱绍良、卫立煌、蒋鼎文、邵力子、晏道刚及其他中央人员全部俘虏，蒋孝先（蒋介石侄子，侍从室第三组组长）、邵元冲（国民党中执委）及宪兵第一团团长阵亡，钱大钧负伤，马志超（西安市公安局局长）在逃，西安及城郊之宪兵警察及一部分中央军全部缴械。蒋之卫士死二十多人，西安城郊有小小冲突，完全胜利。已宣布政治主张及我们之十大纲领等语。

中共中央在将西安事变详情转告共产国际的同时，也将中共中央处理此次事变的拟定步骤予以汇报和请示，全文如下：

（甲）张学良已将蒋介石扣留于西安；

（乙）叶剑英、王稼祥已去西安，恩来日内即去；

（丙）我们的步骤是：

（1）周恩来、张学良、杨虎城组成三人委员会，叶剑英为参谋长，主持大计。

（2）召集抗日救国代表大会，在西安开会，准备半个月内实现之。

（3）组织抗日联军，以红军、东北军、杨虎城军、晋绥军为主，争取陈诚所属之蒋军加入，抵抗日本之乘机进犯。

（4）以林森、孙科、冯玉祥、宋子文、于右任、孔祥熙、陈立夫等暂时主持南京局面，防止并抵抗亲日派勾结日本进犯沪宁，以待革命的国防政府成立。

（5）争取蒋军全部。

（丁）请你们赞助我们这些步骤，主要是：

（1）在世界舆论上赞助我们；

（2）争取英、法、美三国赞助中国革命政府与革命军；

（3）苏联用大力援助我们。

（戊）请将你们的意见速告。

而当天中共中央书记处在给中央北方局领导人胡服（即刘少奇）的电报中提出了中共中央面对西安事变发生要开展的八项任务，即：

（一）揭发蒋介石对外投降，对内镇压民众与强迫其部下坚持内战之罪状，拥护张、杨等之革命行动。

（二）号召人民起来，要求张、杨、南京及各实力派，立即召集抗日救亡代表大会，在西安开会，讨论抗日救亡大计。

（三）号召人民及全国军队，积极注意日本与汉奸之行动，防止并准备抵抗他们乘机侵犯上海、南京、青岛、华北与晋绥。

（四）推动南京及各地政权中之抗日派，响应西安起义，并严重对付亲日派。

（五）稳定西西（CC）派、黄埔派、推动欧美派、元老派及各实力派，积极站在抗日救亡方面。

（六）号召人民及救亡领袖，要求南京明令罢免蒋介石，并交人民审判。

（七）推动宋子文、孙科、孔祥熙、蔡元培、李石曾等，争取英、美、法三国谅解与赞助。

当天，毛泽东、周恩来及时给张学良发去回电，内容总计 5 点，125 个字。电报全文如下：

（一）是否已将蒋介石扣留？

（二）提议立即将东北军调集西安、平凉一线，十七路军主力调集西安、潼关线，固原、庆阳、鄜、甘一带仅留少数，红军绝不进占寸土。

（三）红军担任箝制胡（宗南）、曾（万钟）、毛（炳文）、吴（奇伟）、李仙洲各军。

（四）蒋介石必须押在兄自己的卫队营里，且须严防其收买属员，尤不可交其他部队，紧急时诛之为上。

（五）恩来拟来兄处协商大计，如何？盼复。

潼关是西安的东大门，具有重要的战略位置。西安事变发生时，该地无重兵防守，因此扣蒋行动一开始，杨虎城即电告驻守在陕东大荔县的十七路军第七军军长冯钦哉"请速调附近所部精锐兵力一团，不分昼夜，袭击潼关为确实占领之"，并明确要求第七军"主力部队悉开潼关，阻止中央军西进，兄弟驻潼关指挥。万急，勿延误"。之后，杨又于当日未时、申时、酉时连发电报催促冯钦哉行动，但冯并未执行杨的命令，而是按兵不动。

而驻守在洛阳的东北军炮六旅旅长黄永安的背叛行为更甚于冯钦哉。当天凌晨张学良亲电黄永安："西安事变，着该旅旅长将洛阳机场监视，不准有一架起飞，并将各银行封闭。"黄永安非但不执行张学良的命令，而且很快将此电报交到了洛阳军分校主任兼巩洛警备司令祝绍周的手上。祝绍周不敢怠慢，主动采取了一系列非常措施，并于当日巳时（上午9~11时）上报南京国民政府军政部长何应钦和军委办公厅主任朱培德。电报内容如下：

限即到。分送，南京。何部长、朱主任钧鉴：密。

（1）西安发生事变，真相不明。

（2）委座在西安在临潼？尚不明了。

（3）顷处置如下：

（甲）已通知万军长（耀煌），由咸阳回军西安，协同樊（崧甫）军听候命令。

（乙）已通知樊军由洛阳将主力西进，协同万军候命。

（丙）飞机全部飞西安，侦察并处置。

（丁）请钧座飞洛坐镇。

祝绍周还协调当地空军派出一架教练机飞临潼实施"虎口救蒋计划"，而当该机降落在临潼公路上时，捉蒋行动已结束，飞行员蔡锡昌成了东北军的俘虏。

在同一个时辰内，何应钦也接到了中央军四十六军军长樊崧甫的密电，密电转述了张学良给黄永安电报的内容，此时樊军向已潼关集中。两个时辰以后，即当日下午未时（13~15时），何应钦即将所知西安事变消息密电上报正在上海养病的行政院副院长孔祥熙。

张学良动作也很快，于当天下午分别给孔祥熙和蒋介石的夫人宋美龄发去急电，说明兵谏的缘由并表示无加害蒋介石的意思。张给孔祥熙的电报全文如下：

孔部长庸之我兄勋鉴：

弟对国事主张，曾经商讨，区区苦衷，谅蒙鉴及，不意介公违反众论，一意孤行，举整个国家之人力财力，消耗于内战。吾兄职掌财政，当能洞悉。绥东战起，举国振奋，乃介公莅临西北，对于抗日，只字不提，而对于青年救国运动，则摧残备至，一人而断送整个国家于万劫不复之地。弟爱护介公，八年如一日，今不敢因私害公，暂请介公留住西安，促其反省，绝不妄加危害。我兄遇弟至厚，当能谅其无他，披沥奉闻，并乞明示。此间一切主张，并以文电（当日通电）奉陈。张学良叩。震。

张学良给宋美龄的电报内容上与写给孔祥熙的电报内容基本相同，只是语句上写的更加动情。张学良在此封电报的最后表示："学良平生从不负人，耿耿此心，可质天日，敬请夫人放心。如欲来陕，尤所欢迎。"孔祥熙在接到张学良电报后，于当晚亥时（21~23时）即复电张学良，电报用语谨慎，态度温和。孔的电报全文：

急。西安。张副司令汉卿吾兄勋鉴：汉密。

顷由京中电话告知我兄致弟一电，虽尚未得读全文而大体业已得悉。保护介公绝无危险，足征吾兄爱友爱国，至为佩慰。国势至此，必须举国一致，方足以救亡图存。吾兄主张，总宜委婉相商，苟属有利国家，介公患难久共，必能开诚接受。加骤以兵谏，苟引起意外枝节，国家前途更不堪设想，反为仇者所快。辱承契好，久共艰危。此次之事，弟意或兄痛心于失地之久未收复，及袍泽之环词吁请，爱国至切，另有不得已之苦衷。尚希格外审慎，国家前途，实利赖之。尊意如有须弟转达之处，即乞见示。先复布意，伫候明教。

当晚，孔祥熙应国民党中央要求，与宋美龄等人乘夜车从上海返回南京。

而张学良在以个人的名义致电孔祥熙、宋美龄等的同时，也以张学良、杨虎城两人的名义致电南京国民政府军事委员会要员及地方实力派冯玉祥、李烈钧、程潜、唐生智、朱德培、杨杰、李宗仁、白崇禧、刘湘、宋哲元等，向他们说明兵谏真相，力陈此次兵谏绝无他意，只为促蒋抗日，希望他们"开诚指示"或"躬身来陕"以"共谋国是"。

何应钦

面对张学良、杨虎城在西安对蒋发动的突如其来的兵谏行动，着实给国民党南京政府以极大震动。当天上午，南京政府中掌握军事实权的军政部长何应钦，在他的寓所召集在京的国民党党、政、军首脑开座谈会，当日晚11时，国民党中央常务委员会与政治委员会召开临时联席紧急会议讨论对策。与会委员在如何应对西安事变，特别是如何营救蒋介石的问题上"看法即不一致，所提对策尤为纷歧，甚至发生激烈争论。"

何应钦、戴季陶、陈立夫、陈果夫及黄埔少壮将官，均力主武装解救蒋介石，军事讨伐张、杨。他们认为："张杨此举必有背景，且必有助力……必以蒋公之生死为政治之要挟。中央既不能曲从其狂悖，陷国家于沦胥；尤不能过于瞻顾蒋公之安全，置国家纲纪于不顾。""此中关键，固须审慎，然千秋万世，终必赞果断而贬屈服，故中央对策宜持以坚定。"冯玉祥、孙科、王宠惠等人则认为："张杨此举，如真只以抗日为范围……此中已饶有说服余地。况张氏既有保证蒋公安全之电报，自须先探蒋公之虚实，再定万全之决策。如即张挞伐，无论内战蔓延，舆论先背，而坐弱国力，益以外患，国将不国，遑论纲纪？"两派争辩甚久，到深夜2时许，才做出如下五点决定：

（一）张学良应先褫夺本兼各职，交军事委员会严办，所部军队归军事委员会直接指挥。

（二）行政院由副院长孔祥熙负责。

（三）军事委员会常务委员改为五人至七人，加推何应钦、程潜、李烈钧、朱培德、唐生智、陈绍宽为常务委员。

（四）军事委员会由副委员长及常务委员负责。

（五）军事委员会常务委员、军政部部长何应钦负责指挥调动军队。

此决定第二天见诸报端。当晚亥时（21~23时），南京政府交通部部长俞飞鹏向全国各省下属局、台发出指令："如接到张学良，杨虎城等通电，务须一律扣留。勿得投送、拍转，并将原电抄本部为要。"而张学良的部下，西北"剿总"交通处长蒋斌故意扣住通电不发，也致使全国各地不能及时了解西安事变的真相和张、杨的诉求。

在西安事变第一天行将过去之时，在南京，国民党党政军要员在连夜开紧急会议商量如何处理西安的突发事变争论不休；在保安，当晚举行群众大会，毛泽东等中共领导人出席大会并讲话，大会通过决议"要求公审卖国贼蒋介石"，镇上一片欢腾；在西安，已成阶下囚的蒋介石以绝食表示抗议，辗转难以入睡，而西安事变的发动者张学良、杨虎城在成功扣蒋，并向全国发出通电和八项主张后，焦急地等待着各方面的反应，以决定下一步如何行动，这就是西安事变的第一天。

12 月 13 日
星期日

　　我不相信苏联会傻到去支持张学良的冒险，从而削弱中国的抗日阵线。由于缺少来自苏联和其他中国将领们的支持，事变的平息只是时间问题，张学良的孤军或者再加没有苏联支持的共产党，也难以抵挡中央政府的部队，张学良的威望也不可能阻止中央政府军队对西北的控制。

　　　　　　　　——时任英国驻华大使休格森

日记西安事变——扭转乾坤的十四天

南京强硬派嚣张言战，孔宋联手力求和解
中共高调支持张杨，地方实力派谨慎表态

当天，国民党《中央日报》用特大号字登出"张学良率部叛变，国府下令褫职严办。"该条消息公布了昨夜今晨国民党中央常务委员会与政治委员会召开的临时联席会议做出的五点决定，该条消息的副标题为："中央联会决定增加军委会常委，关于军队调遣归何（应钦）部长负责"，即决定的第三点和第五点，而标题是决定的第一点。

而被张学良、杨虎城事变当局接管的国民党在西北地区的机关报《西京日报》更名为《解放日报》，并于当天挂名发行，头版头条消息的标题是："张杨发表对时局宣言，八项主张要求全国采纳，蒋委员长在兵谏保护中，但安全问题可保无虞"。

当天中华苏维埃中央政府机关报《红色中华》也报道了西安事变的消息，用的题目是："西安抗日起义，蒋介石被扣留"。从三方的报纸用词上看，张、杨认为他们的行动是"兵谏"，国民党南京政府方面指责为"叛变"，中国共产党方面的提法是"起义"，不管各自的提法如何，三方都在为如何处理解决这个问题进行着紧张的斡旋。

南京，当天国民党中央政委会及中央常委举行临时联席会议，作为行政院代院长的孔祥熙向在座的国民党中央委员表明了自己和平解决这次事变的主张，反对立即进行军事讨伐。他认为，张、杨在对时局宣言的通电中已表示"对介公为最后之净谏，保其安全，促其反省"，而且，张学良昨天在给他个人的电报中也表示了同样的意思，说明和平解决事

張楊發表對時局宣言

八項主張要求全國探納

蔣委員長在兵諫保護中

但安全問題可保無虞

西安《解放日报》
报道"张杨发表对
时局宣言"

張學良竟率部叛變

蔣委員長被留西安

中央緊急會議今晨始散

國府已下令張免職嚴辦

行政院長由孔祥熙代理

国民党中央社消息
称：张学良叛变

1936

变"尚有转圜余地",国民党中央"尤不能遽闭谈判之门"。因此,他提出"力主镇静"的要求,并同宋美龄一道,提请派蒋介石私人顾问端纳赴西安了解情况并暂停军事进攻三天。

而在决定派端纳赴西安之前,当天有一重要人物要亲自赴西安,欲说服张学良释放蒋介石,这个人就是孙中山的夫人宋庆龄。根据著名民主人士胡子婴女士回忆:"12月13日,孙夫人叫我到她家去,把西安事变告诉了我。"胡子婴原以为一向反对蒋介石的宋庆龄一定会很兴奋,哪知宋庆龄是要胡子婴陪她去西安劝说张学良释放蒋介石,胡子婴听此大为惊愕。为此,宋向胡解释:"何应钦等亲日派唯恐中国不乱,蒋介石被杀,内战势必全面爆发,日军就可长驱直入,侵占全中国。"胡表示明白,愿意陪宋去西安。当晚8时许,宋庆龄电话告诉胡子婴,西安不去了,但宋没有解释又决定不去了的原因。

关于提议派遣蒋的私人顾问端纳先行赴西安了解真相一事,是出自宋美龄的考虑。对此,宋美龄在她的《回忆西安事变》一文中有这样一段描述:"中央诸要人,于真相未全明了之前,遽于数小时内决定张学良之处罚,余殊觉其措置

宋美龄

太骤。而军事方面复于此时,以立即动员军队讨伐西安,毫无考量余地,认为其不容诿卸之责任,余更不能不臆断其为非健全之行动。军事上或有取此步骤之必要,委员长或亦悬盼此步骤之实现,然余个人实未敢苟同。因此立下决心,愿竭我全力,以求不流血的和平与迅速之解决。"

当日早晨8时前,宋美龄即发电给张学良,告诉张学良,端纳拟即

日飞西安。端纳亦同时给张去电，盼其即复。宋美龄回忆："余等到处搜索消息，而消息始终沉寂；周遭接触者唯紧张之流露，形形色色之猜测；辗转传布，如飞沙，如雷震，诸凡捕风捉影之传说，眩人欲迷。"而决定随端纳一起前往西安的蒋介石特勤总管黄仁霖对当时的南京政局也有这样一段形象的描述："在南京，当时中国的首都，这项消息是可怕而又紊乱的，政府官员们发觉这是一个预先妥善计划的事变，牵涉整个东北将领，非但蒋先生，而且所有在西安的高级将领们以及他们的幕僚、参谋军官们，都被囚禁了。所有道路都已封锁，各种通信亦已断绝不通，南京已经完全没有正确的消息了。有些人说，蒋先生早已在枪战中丧生；另一些人说，一辆满载士兵的火车，正向东边开来，蒋先生可能即在这车上，一时又寄予一线的希望。总而言之，南京失去了一个全国行政首长，便像是一片混乱的热锅子。"

黄仁霖在他的回忆录中提到，他和端纳动身前往西安前，孔祥熙亲口对黄仁霖说："你的任务是用你的眼睛，亲自看到委员长，亲眼看见。看见他了之后，马上回来向夫人和我报告，你所亲眼看到的确实情形。就是这一点，不多亦不少。如果委员长健康而安好，那么谈判之门还是敞开着的。"孔最后对黄说："仁霖，这是很重要的，祝你好运。"

由于天气原因，当天端纳和黄仁霖未能到西安，只得夜宿洛阳。但当天夜里，宋美龄得知张学良已复端纳电，表示欢迎端纳入陕。宋美龄描述此时自己的心情是"于是端纳所乘飞机中途被击之顾虑解释然矣"。

孔祥熙在安排端纳赴西安探虚实的同时，为稳定局势还向各省市

孔祥熙

长官发出通电，申明国民党中央政府立场，要求各地方长官"当亦必能益励忠勇，一本中央之意旨，为一致之进行"，并强调"遵照蒋院长既定方针，以最大之努力，全国上下共策国家之安全"。当天，孔祥熙还分别致电河北宋哲元、山东韩复榘、河南商震、青岛沈鸿烈、山西阎锡山等地方实力派首领，对他们进行安抚，促其与中央政府保持一致，共维大局。孔发出安抚电的还包括杨虎城十七路军的冯钦哉、张学良东北军的于学忠。例如孔祥熙在给韩复榘的电报中，就希望韩复榘出面规劝张学良，电文说："尤望专电劝释，祛除误解，免以阋墙之争，致招覆卵之祸。"在给沈鸿烈的电报也表达了此意，电文说："尚希飞电汉卿兄等，动以情感，晓以大义，泯大难于俄顷，挽国家于万劫。"在发给商震、阎锡山、冯钦哉、于学忠的电报中都有提到请他们出面规劝张学良悬崖勒马，改邪归正。

得知西安事变，蒋介石被扣留的消息后，国民党政府的各地官员和军界首脑纷纷表态，阐明自己的立场。当天就有福建省政府主席陈仪、广西李宗仁、山东韩复榘、四川刘文辉、新疆盛世才给南京政府或军政部长何应钦发来电报，或表明服从中央命令，或表示维护当地稳定。昔日张学良的部下盛世才急于择清自己，他在给何应钦的电报中表白："此次西安事变，外间不明真相，疑与新省有相当关系等情，殊不值识者一笑。不但与新省毫无关系，且亦绝不赞成。"中央军将领表态则相当激愤和强烈，例如胡宗南等178人联名致何应钦的电报就表示："职等誓当竭诚拥护（何应钦指挥），听候驱策"，并恳请政府"即日明令讨伐，以申法纪，而固中枢"。对于事发后还未曾表白立场的云南省政府主席龙云，当天陈果夫就在给龙的电报中称："当此安危一发之际，是非不可不明，趋向不可不定"。何应钦在当天给龙云的电报则说得更直白："望兄即率所属各将领即日正式通电，表示拥护中央之决心及反对张学良之坚决态度，以申大义为盼。"

张学良寄予厚望的阎锡山，并没有像张学良期望的那样，对扣蒋一事表示支持，而是一直沉默不语。当日，张学良再电阎锡山："西安十二日之变，致电报告，谅已均悉。我公有何见教，盼赐复。"对于时任国民政府军委会副委员长的冯玉祥，张、杨也寄予很大希望，继昨日发电向其阐明事变立场之后，又于当日晚再致电冯玉祥："务祈速即命驾来陕，共决大计，力挽危舟"。不想这封电报却给冯带来了麻烦，被何应钦视为冯与张、杨事先有勾结而被监视，而冯玉祥当天给张学良的回电也被何应钦扣压。

冯玉祥给张学良的密电内容为：

顷读通电，敬悉留介公暂住西安，莫名骇异。介公力图自强，人所共知。政治军事逐渐进步。其荦荦大端，如国事已真正统一，外交已真正不屈；绥远之战，中央军队抗敌，皆昭然在人耳目。当此外侮日深、风雨飘摇之际，虽吾人和衷共济，同挽国难，犹恐计虑不周，岂容互生意见，致使国本动摇。慈为世兄计，特叙鄙意于下：

一、请先释介公回京，如世兄驻军陕甘别有困难以及有何意见，均可开诚陈述。介公为革命军人，光明磊落，坦白为怀，必能包容，必能采纳，则尊处之困难既解，而抗日之志亦行矣。

二、如虑事已至此，挽回不易，或有何反覆，于世兄有所不利，则祥可完全担保。若犹难释然，祥当约同知交多人，留居贵处，以为释回介公之保证。

三、处事贵有定见，万勿因他人挑拨离间，致伤感情，致伤国本。祥自以年岁较长，

冯玉祥

更事较多，老马识途，绝不至有误于尊事。

四、总之，若能误会解除，与介公同商国是，则一切为难之处，俱可迎刃而解，于公于私，两有裨益。至于明令处分之事，只要世兄对蒋公能释回，则中央诸友无不可设法挽回也。

而胡宗南等275人代表黄埔同学给张发去了措词十分强硬的电报，要张立即释放蒋介石。电文说："委员长为我全国唯一之领袖，亦我国家生存所托命，此为国内国外一致所公认。执事（指张学良）突犯罪戾，敢行胁迫，闻迅之余，几难置信。……兹请以吾全体同学之意志，忠告执事。望执事内审天理，外悚公愤，及早悔祸，泥首请罪于委座之前。俾委座即复自由，出而继续领导复兴救国大业，则中央与委座对执

胡宗南

事如何曲加矜贷，自听中央与委座之裁处。万一执迷不悟，使委座稍有差池，则吾全体同学，誓必不顾一切，悉力以赴，绝不与执事及执事有关之任何个人，共戴天日于世。海枯石烂，此志不渝。特以迫切之意，为执事敷陈情理与利害，以期执事之觉悟与反省。抑愤陈词，唯熟察之。"

当天，西安发生事变，蒋介石被张杨扣留的消息也传遍了整个红军队伍。根据时任红军大学教官的陈伯钧（前红六军团军团长）日记记载，他是当天下午得到这一"空前的最有意义的"消息的。陈伯钧认为："西安事变是中华民族真正复兴的开始，是中国人民不愿当亡国奴的表现，是国际和中央政治路线的胜利，是反法西斯主义反战争的人民战线的胜利！"陈伯钧把这天称之为"最可纪念的一天"。

而对于与国民党马步芳部队苦战于河西走廊的红军西路军指战员而言，这一消息无疑是一个极大的喜讯。时任西路军总部电台报务员的黄良诚回忆："我在 12 月 13 日抄收的中央社新闻中，得知西安事变的特大消息，立即报送领导机关，迅速传遍了永昌城（西路军总部所在地）的每个角落。顿时，人情沸腾，到处是一片欢呼，歌声四起，'打倒反动派！停止内战，一致抗日！打到东北去，赶走日本鬼子'

毛泽东

的口号声响彻云霄。"西路军总指挥徐向前形容"永昌城内，锣鼓喧天，像节日般的热闹"。而在西路军第五军驻扎的山丹县，当天下午军长董振堂来到四十三团团部向大家宣布了这个消息，在场的团部文书王定烈回忆："当时群情振奋，议论纷纷，有的说：'蒋介石是我们十年夙敌，我们多少同志死于他手，这次把他龟儿子捉住了，硬是要得，可千万不能让他跑了。'"此时在医院治伤的五军十三师政委谢良也是当天从董振堂军长那里得知此消息的，他高兴得竟忘了自己的脚伤，一下从床上跳下来，摔倒在地上。

根据时任中央组织部副部长郭洪涛回忆，当天上午，中共中央召开了一次政治局会议。会议是由张闻天主持的，郭列席了此次会议。因为西安事变的发生很突然，情况还不很清楚，会上对许多重大问题只是交换意见。

毛泽东先发了言，他在发言中提出一个首先必须解决的问题："我们对这一事变的态度怎样？应该拥护，还是中立，或反对？应该明白确定，是不容犹豫的。"他断言："这次事变是有革命意义的，是抗日反

卖国贼的。它的行动，它的纲领，都有积极的意义"，"就是在他的自卫的出发点上也是革命的"，"是应该拥护的。"

毛泽东说："蒋介石最近立场虽是中间的立场，然在'剿共'一点上还是站在日本方面的。这一事变的影响很大，打破以前完全被蒋介石控制的局面，有可能使他部下分化转到西安方面来，同时也要估计到他的嫡系胡宗南、刘峙等进攻潼关，威胁西安。在兰州、汉中这些战略要点，我们应立即部署兵力。"毛泽东当时的设想是："我们应以西安为中心的来领导全国，控制南京，以西北为抗日前线，影响全国，形成抗日战线的中心"。他着重提出："我们的政治口号：召集救国大会。其他口号都是附属在这一口号下，这是中心的一环。"

而讲得最激烈的是张国焘，他说："在西安事件意义上，第一是抗日，第二是反蒋。""内乱是不是可免？这是不可免的，只是大小问题。""因此，打倒南京政府，建立抗日政府，应该讨论怎样来实现。"

张闻天的发言把蒋介石南京政府中对日妥协派称之为民族妥协派，他认为"张学良这次行动是开始揭破民族妥协派的行动，向着全国性的抗日方向发展"。张闻天认为："对妥协派应尽量争取，与分化、

张闻天

孤立，我们不采取与南京对立方针，不组织与南京对立方式（实际是政权形式）。把西安抓得很紧，发动群众威逼南京。改组南京政府口号并不坏，尽量争取南京政府正统，联合非蒋系队伍，在军事上采取防御，政治上采取进攻。"张闻天在他的发言最后提出："我们的方针：把局部的抗日统一战线，转到全国性的抗日统一战线。"

根据郭洪涛的回忆，周恩来的发言提出："在巩固西北三方联合的同时，要推动、争取国民党的黄埔系、CC 派、元老派和欧美派积极抗日"，同时也提到不要与南京政府对立的意见。

毛泽东在做结论时说：我们现在处在一个历史事变的新阶段，在这个阶段，前面摆着许多通路，同时也有很多困难。敌人要争取很多人到他们方面去，我们也要争取很多人到我们方面来。毛泽东强调："我们不是正面地反蒋，而是具体地指出蒋的个人的错误。""又要反蒋，又不反蒋，不把反蒋与抗日并之。"当天中午，毛泽东、周恩来给张学良发去一电，提出了处理此次事变的具体意见。电文写道：

元凶被逮，薄海同快。目前任务，在全国者已见致（潘）汉年电，昨已奉达，并祈转沪。在西北者略陈如次，敬祈酌夺。

（甲）重兵置于潼关、凤翔、平凉，潼关尤要，严拒樊崧甫。

（乙）号召西安及西北民众起来拥护义举，对全国亦然。弟等认为，只有将全部行动基础置于民众之上，西安起义才能确定的发展其胜利。

（丙）宜即逮捕或驱逐部队中法西斯分子，对全军奉行广大深入的政治动员，向全体官兵宣布蒋氏卖国残民罪状，政治上团结全军，此着是最紧急任务之一。

（丁）胡（宗南）、曾（万钟）、关（麟征）等军向南压迫时，红军决从其侧后配合兄部坚决消灭之，如何部署，请随时电知。此外，国际（指共产国际）方面弟等已有所布置，详容后告。恩来拟来西安与兄协商而后大计，拟请派飞机赴延安来接，并求杨虎城兄电知延安驻军密为保护，如何？盼复。请令电台时刻联络。

关于派周恩来赴西安一事，童小鹏在当天的日记中是这样写的："中央决定派周恩来副主席为全权代表，并派博古、叶剑英参谋长和罗瑞

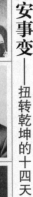

日记西安事变——扭转乾坤的十四天

卿、杜理卿等同志去西安，我被批准去搞译电工作。"童小鹏在日记中提到："明天就要动身，大家急忙做准备工作"，"我主要是准备多带密码，估计到西安后是要发很多电报的。"

当天下午，毛泽东、周恩来就时下军事布署又单独给张学良发去一电报。第一条谈的仍旧是西安东线潼关的防务，电报提出："刘峙有指挥河南集团，进占潼关极大可能，似宜提起杨虎城兄注意，以主力集中潼关而坚拒之"。电报的第二条谈的是西安西线防务，即"为确占兰州汉中两战略要点及隔离甘肃蒋军为二部"的建议。其中提到："商刘甫澄（刘湘），调川军十五团到二十团进据汉中"。电报的最后写道："军事大计，祈兄主持，随时示知为盼。"

而此时的潼关，由于东北军黄永安旅和十七路军冯钦哉军的反叛行动，已被国民党中央军樊崧甫部轻取。樊本人当晚抵达潼关，即发报给孔祥熙，汇报占领潼关的经过。电报全文如下：

"急。南京。行政院副院长孔：（1）职率七九师李旅及炮营，元亥（时）到潼关。（2）我董师元丑（时）全部集结潼关完毕，我一一六团文亥（时）进占华阴，内有奉军二连，正监视中，明晨拟解除其武装。（3）潼关奉军人枪千余，炮十余门，弹二百万发，已由董师收缴，其徒手俘兵，拟请指定地点后送。（4）同州冯钦哉师奉杨逆命，接防潼关，急由职电话联络，劝其顾念国家艰难，固守原防，静待解决。彼表同情。（5）奉军下级官长，多未知逆情，请用飞机散发传单，劝其来归。职樊崧甫。"

根据宋美龄回忆录记载，当日到达洛阳的端纳在电话中告诉宋美龄："是日已有飞机30余架在西安上空飞行示威，目的欲告谕叛军，洛阳飞机场仍在中央之手，以张学良预令其驻洛直接指挥之炮队占领机场之命令，其部下实未遵行也。"

根据《西北文化日报》报道，张学良于当天下午 5 时在绥靖公署总部召集全体职员训话，详述实行兵谏原因及经过。

张学良的训词开门见山，一针见血地提到他与蒋在政治主张上的分歧由来已久。张说："我同蒋委员长政治意见上的冲突，到最近阶段大抵已经无法化解，非告一段落不可，谁也不能放弃自己的主张。于是我决定三个办法：第一，和委员长告别，我自己辞去职务走开；第二，对委员长用口头做最后诤谏，希望蒋委员长能在最后一刻改变他的主张；第三，就是现在所实行类似兵谏办法。"

张学良解释，由于第一二种办法走不通，"只好采取第三种办法"。造成他毅然决定采取兵谏的方法，还由于上海几位爱国领袖被捕，西安"一二·九"学生运动，蒋介石竟下令要向学生开枪和蒋准备对张学良部下中的"通共分子"开杀戒（黑名单已开列）等原因。张学良气愤地说："我们的机关枪是打中国人的吗？我们的机关枪是打学生的吗？"

但在对被扣压的蒋介石处理上，张学良也说得很明确："现在蒋委员长极为安全，我们对蒋委员长绝对没有私仇私怨，我们绝不是反对蒋委员长个人，是反对蒋委员长的主张和办法，反对他的主张和办法。使他反省，正是爱护他。我们这种举动对蒋委员长是绝对无损的——如蒋委员长能放弃过去主张，毅然主持抗日工作，我们马上绝对拥护他，服从他！那时甚至他对我们这次行动，认为是叛变而惩处我们，我们绝对坦然接受，因为我们所争的是主张，只要主张能行通，目的能达到，其他的均非所计！"

张学良表示，西安事变此举是无私的，是必要的，对国家民族是有利的："我们这次举动，把个人的荣辱生死完全抛开，一切都是为了国家民族！我们这次举动，对于国家民族将要发生什么影响，我们真是再三再三地考虑，假如无利于国家民族，我们无论如何也不干，反过来说，我们一定要干！我们这次举动，无疑的，对于国家的秩序或有相当

的影响，但权衡轻重，为了拯救国家的危机，是不得不如此，这样做，对于国家终于是有好处的！"

根据蒋介石的日记记载："是日，仍竟日未食。"他在日记中写道："8时起，侍者入言，张学良清晨6时即来此，以委员长方睡，不敢惊动。未几，张又来，执礼甚恭如昨，对余请许其再进一言。答以疲堪，无精神讲话，彼无言退出。"当天，张学良答应让邵力子又见了一次蒋介石。邵力子转达了张学良让蒋介石搬到另一个寓所居住的意思，蒋介石执意不搬。根据蒋的日记记载，当天夜里12时半，东北军孙铭九营长携枪来到他的卧室言称："今晚必请委员长立刻移居"。蒋介石回答道："此处即我死处，余誓死绝不移出此室。"双方相持到次日凌晨2时许，孙铭九才无奈离去。

而根据被扣压的国民党政府军政部次长陈诚的回忆录，他当天又与张学良发生争论。他在回忆录中写道："今日张来，见面即说，委座脾气太坏，仍是开口骂人，实际上他太落伍了，什么礼义廉耻，这完全代表右倾分子说话，现在我要领导左翼分子抗日。他既不行，应该让我来干，我干不好时，再请他出来收拾。"陈诚对张说："什么左倾右倾，这原是赤匪分化我们的口号，我们在十年以前就上过他（指共产党）的大当。"陈诚在回忆录中提到，几天前在西京招待所与张学良面晤过一次，当时张学良就向陈表达过"如诚意抗日，应即联俄容共"的意思，并表示他有容共的把握。陈诚当然不能苟同张学良"联俄容共"来抗日的主张，坚持认为："现在中国的前途，只有委座连年倡导的安内攘外自力更生是唯一的出路"！话不投机，张学良"便出以遁词，说你真是蒋先生的忠实信徒"。

英美等国的驻华外交官，当天从南京政府的外交部获得了西安事变的消息。当天，英国驻华大使休格森致电英国外交大臣艾登，转述了国民政府外交部一位副部长的话："外交部副部长说，一段时期来张学良受到怀疑，他把自己的一部分部队从与共产党的战斗中撤出，并被怀疑与共产党联合反对日本人。政府已在进行各种部署，并认为已控制了局势。"休格森在接下来的又一封致艾登的电报中，分析了西安事变的原因并预测了它的前景。

"紧接上电，根据报告来看，日本人对张学良的怀疑是有充分证据的。端纳曾担保张对蒋介石的绝对忠诚，我们却对之轻信了。我们当然知道张学良的部分下属与共产党关系友好，知道蒋介石 10 月份访问西安的目的之一就是要解决这种局面。我们曾接到报告，他试图把这些部队调往其他战区，用他所控制的部队来代替之。据报告，目前这次事变的直接原因，就是蒋介石命令把受怀疑的张学良的部队调往福建。我倾向于认为这是局势的关键。

"事变受到如同今年夏天在西南那样强烈的……当时一位将领在呼吁反日战争方面谋求其他反对中央政府的将领们的支持，但是因为张学良曾拒绝支持西南的领袖们，看来他们现在也不可能支持他。我认为韩复榘、阎锡山等人是支持中央政府的。

"张学良也许同苏联达成过协议，但我认为这是极不可能的。蒋介石及中央政府一直努力保持同苏联的良好关系，基于对日本的共同的厌恶，他们走到一起了。我不相信苏联会傻到去支持张学良的冒险，从而削弱中国的抗日阵线。由于缺少来自苏联和其他中国将领们的支持，事变的平息只是时间问题，张学良的孤军或者再加没有苏联支持的共产党，也难以抵挡中央政府的部队，张学良的威望也不可能阻止中央政府军队对西北的控制。

"现在的问题是日本人的态度，我认为，他们将等待和观察中央政府是怎样处置事变的，但不会介入，除非局势对政府不利。"

休格森电报最后说："我倾向于认为蒋介石本人并无危险，他也许会成功地把困局扭转到有利于中央政府，正如他以往所做的那样。"

对于苏联和日本这两个敏感国家，行政院代院长孔祥熙则亲自出面，召见这两国使节，晓以利害关系。孔祥熙后来回忆说："余于十三

日下午，已特召苏联代办来寓，告以西安之事，外传与共党有关，如蒋公安全发生危险，则全国之愤恨，将由中共而推及苏联，将迫我与日本共同抗苏。故促其速告苏联政府，并转知第三国际注意。""并召须磨总领事到寓，告以日本政府应约束在华浪人，勿在此时再酿是非，使抗日情绪愈涨，致启两国之兵戎。"这就是西安事变的第二天。

1936

12 月 14 日
星期一

　　东北军都是亡省亡家的人，他们同情抗日，要求抗日，是自然的事情，你应该把心里的话告诉他们，对他们的抗日情绪应该很好地加以安慰。可是你不这样做，所以激出事情来了！我现在托端纳先生冒险去看你，望你为国家为民族保重身体。在可能和必要的时候，我愿意亲自去西安一趟。最后告诉你一句话：南京的情形是戏中有戏。

　　——引自宋美龄捎给蒋介石的亲笔信

全国舆论倒向政府，苏报社评挺蒋反张
端纳冒险西安见蒋，周恩来受命赶赴古城

当天，国民党《中央日报》头版版面全部被西安事变的消息所覆盖，右上角头条消息大字标题为："国府明令告诫人民各安生业，毋得轻信谣言，西安事变已有适当处置"。该条新闻报道了昨天召开的国民党中央政治委员会的消息和登载了行政院代院长孔祥熙致各省市当局的通电内容。左下角是该报社评"时局之定力"，表明政府的立场和方略。接下来的重要消息标题有"冯（玉祥）昨电张（学良）规劝（即昨由冯玉祥给张学良的密电稿）""各省长官听命中央""各地当局力维治安""各地民众深表愤慨"等。而在"西安变起非常，自当协维大局"的标题下，特别提到阎锡山、宋哲元、余汉谋、韩复榘、何键几个掌握军权的地方实力派电复军政部长何应钦，表示国难当头，自当协助中央维护大局。

在"东京策划对华政策"的标题下，报道了中央社记者发自东京的日本国方面的反应。报道称，日本得知此消息后，"各方均表示震惊，各报今日多出号外，至二次三次之多""一般观察金认为日本之重行策划其对华政策，全系于西安叛变之结果，但现时间则持等待观望态度云"。

关于西安方面的报道，则在"西安城上发现红旗，并在城外赶筑工事"的标题下，提及张学良在给孔祥熙的电报中称，保证蒋介石的安全没有问题。在"陇海西上车昨止于潼关"的标题下，报道了通陕的铁道、交通、电报、电话均不通达。关于昨日蒋介石的澳籍顾问端纳赴陕一事也有披露，题目是"端纳飞陕，黄仁霖同行"，该消息说"蒋委员长顾问端纳于十三日晨随孔副院长由沪抵京，即偕黄仁霖飞洛转陕，探视蒋委员长。端纳曾先致电张学良，行前已接到张之复电"。而当日下午，端纳偕蒋的特勤总管黄仁霖抵达西安。

根据黄仁霖的回忆，他与端纳乘坐的飞机能安全降落在西安机场，可并非易事。黄在他的回忆中写道："次日早晨，那是 12 月 14 日，我忽然想到了一个聪明的好办法，我请求我们空军，先派一架侦察机去，投掷一封信给张少帅，告诉他，端纳和我，正搭乘一架三引擎的容克飞机，前来西安，请他派一辆车来接我们。"黄说："从洛阳到西安那一个小时的飞行，真是紧张万分。当到达西安时，我们绕城飞行三匝，看到没有悬挂红旗，亦没有巷战时，才安下心来。街道有几处堵塞住了，全城因戒严而一片死寂，降落了之后，我们立刻被军人包围了。但是我们看见有一辆车，经过机场，正向我们疾驶而来，那是带着少帅的命令来接我们的车。这一来，证明了我空投一封信的预防措施，发生效力了。"

黄仁霖接着写道："端纳和我直接被带到少帅的住宅。没有多久，张学良便由会议中回来了。显然，他承受着沉重的压力，在一种粗率的

张学良会晤端纳

态度下，他提出了三个条件。"黄回忆张学良当场对他说："老黄，这不是像以前一样的那种社交拜访，我们正有一个大问题，无法解决，我自己也不能做主。不要叫我做那些无法办到的事，每一件事情都必须由我们的战事委员会决定。"黄假装并没有异乎寻常的事，只是把他的任务，简单明了地向张学良加以说明，并告诉张，蒋夫人派他来，要他看看委员长的健康情况，建立初步的接触，并充任端纳先生和蒋先生谈话时的翻译。黄向张表示，所以如果可能的话，他希望马上去见蒋先生，并清楚地向张加以说明，他无权做任何的谈判。张学良说："我可以向你保证，委员长现在很好。至于你想去见他，我也不在乎此，但是我已将此事在委员会中提出，他们都投票反对。"黄反问张："那是为了什么呢？"接着，黄提出见蒋的理由，张也说了他的道理。

黄仁霖说："在彼此争论之间，我亦明白了，在他和他的同伴方面，对蒋先生并没有加以伤害的意思。他们所提出的八项条件，要蒋先生来加以考虑。在他们的计划中，最主要的歧见，在于先和日本侵略者作战，还是先'剿灭'共军，共产党毕竟也是中国人呀！这个主张是全国大部分人士亦表同意的。"由于黄一直在追询蒋先生的健康状况，为此，张学良又开了话题说，蒋先生对于此次反抗行动，非常震怒，因此，他拒绝进食，拒绝和张学良谈话。他进一步透露，假使蒋先生只要接受其中若干条件，他就可以设法解决，打开这个死结了。即使要他亲自伴送蒋先生回南京，他亦愿意接受政府的任何处分，在所不惜。黄回忆：大约经过了半个小时，张学良带端纳先生一起走了，而他则被带到门房中去，其余的时间黄仁霖都无法和张学良见面。

根据蒋介石日记记载，端纳来见蒋介石，是当天下午5时的事。蒋介石在日记中写道："见余，询安好毕。出余妻之手函示余，即自请与余同住，余允之。"而据张学良讲，端纳见蒋后，蒋当即问端纳："你是否是来同生死的？"端纳回答说："不是，我是英国人，不懂得中国这种事情，英国人与皇帝是没这种关系的，他们主要是忘不了敌人。中国现在已经亡了东三省几年了，大家都要抗日，只等蒋先生的命令，为什么中国人自己干自己，而不用力对付敌人呢？"

而关于宋美龄给蒋介石的亲笔信，宋美龄在其回忆录中也有提到，她说："余复请端纳携一函致委员长，函中述余深信我夫一切措施，皆与民族利益为本，余日夕为彼祈祷上帝，愿彼宽怀。"宋美龄给蒋介石信函原文影印件内容与宋的说法是一致的。但根据张、杨的新闻发言人，杨虎城身边幕僚申伯纯的回忆录记载："这封信当时被抄录下来，经张学良看过后，仍送还给端纳。"申伯纯说该信的大意为：

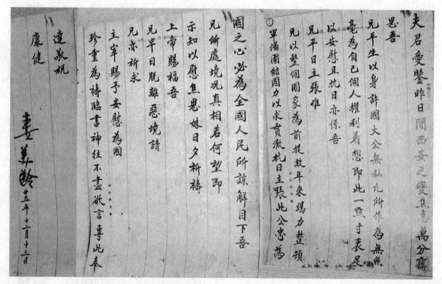

宋美龄写给蒋介石的亲笔信

你脾气不好，你心中的话总不肯好好地说给部下听，同时你也不好好地倾听部下的意见。这样情形，我一直是很担心的。因此，你每次外出，我总是常常陪同你一起去。这次航空协会在上海开会，我不能不去参加，所以没能同你一起到陕西来，想不到就在这一次出了事情！东北军都是亡省亡家的人，他们同情抗日，要求抗日，是自然的事情，你应该把心里的话告诉他们，对他们的抗日情绪应该很好地加以安慰。可是你不这样做，所以激出事情来了！我现在托端纳先生冒险去看你，望你为国家为民族保重身体。在可能和必要的时候，我愿意亲自去西安一趟。最后告诉你一句话：南京的情形是戏中有戏。

得知宋美龄要亲自赴西安，蒋介石在当天的日记中是这样写的："端纳又告余以余妻必欲来此。余告之曰：'切不可来，务请转达余妻，待余死后收余骨可也。'"但对于张学良要蒋移居高桂滋公馆居住一事，蒋介石还是借端纳的劝告，做了让步，于当天下午移居于此，也未再提绝食一事。只是当天张学良未让黄仁霖见蒋，这让蒋介石颇为费解，蒋在日记中写有"闻黄仁霖与端纳同来，乃迄未来见，殊可异"。而黄仁霖也弄不明白："我整夜在思索，何以张学良和战事委员会一定要反对我去见蒋先生？"

当天，行政院代院长孔祥熙应宋美龄的要求，在孔公馆召开高级军政委员会议，研究讨论如何营救蒋介石，孙科等数十人出席了这次会议。与会者虽然多数赞同用和平方式营救蒋介石，但会议也初步确定：命顾祝同率部向潼关以西进迫，同时准备派飞机轰炸西安各地。与此同时，孔祥熙再次以行政院代院长的名义昭令各省市长官守土安民，负有专责，并提出"防范奸宄，保护外侨，查禁谣言，安定市面"等四点特别注意事项。当天孔祥熙再致电张学良，提出政府与张、杨和解的方案。电报全文如下：

阎锡山

西安张副司令勋鉴：

昨电及端纳顾问携去电稿计达。细绎兄通电所列八项，其中多条，中央决议早已实行，即有尚待商榷之部分，亦不难开诚商洽，由中央决定。至我兄对于介公个人，昨承电示，保证安全，具见爱友至忱，无任佩慰。惟留陕过久，复杂分子，乘机羼入，必陷兄于易发难收之境。万一危及安全，兄将何以自白？此间及各界人心，均形愤激，愈久则愈难谅解，一旦决裂，则函关以内固糜烂不堪，而国力损失惨重，尤非兄所忍闻。故为兄计，惟有请兄陪伴介公，即日南下，兄等意见即可提出中央，于公于私，莫此为善。至兄个人安全，弟敢以全家身命担保，绝无任何问题。万一有为难之处，或先派负责人员二人南来，共谋解决方策，或由留陕诸公中一二人，如雨岩（蒋作宾）、翼如（邵元冲）等先随端顾问返京，以求解决之途径。如此则兄之主张，既可昭告国人，一切误解，亦可早日冰释。此与吾兄一生成败及国家安危，关系至重。凤承厚爱，敢布诚悃，务乞三思而图利之，并盼电复为祷。弟孔祥熙叩。

当天，孔祥熙在致阎锡山的电报中提出请阎出面"即电汉卿，促其反省，即日陪同介公南来，一切弟当保其安全"，并提出，"倘渠因南来或恐不为各方所谅，则请公劝其暂移晋省。并保证其绝对安全"。而当天张、杨收到阎锡山的电报却是态度暧昧的"四个疑问"。

第一，兄等将何以善其后？

第二，兄等此举增加抗战力量乎？抑减少抗战力量乎？

第三，移内战为对外战争乎？抑移对外战争为内战乎？

第四，兄等能保不演成国内之极端残杀乎？

阎锡山在电报中还说："前在洛阳时，汉兄曾涕泣而道，以为介公有救国之决心，而方法上有所矛盾。今天兄等是否更以救国之热心，成危国之行为？记曾劝汉兄云：今日国家危险极矣！不洽之争论，结果与国不利，当徐图商洽。不洽之争论，尚且不利国家，今兄等行此断然之行为，增加国人之忧虑。弟为国家、为民族、为兄等，抱无限之悲痛，

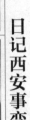

请兄等谅察，善自图之！"张、杨原本对来自阎锡山的支持抱有极大的期待，读了阎的电报后，张、杨大感失望和气愤。

当天张学良还收到蒋梦麟、梅贻琦等七位北平大学校长的联电，他们一致要求张学良"应念国难家仇，悬崖勒马，卫护介公出险，束身待罪，或可自赎于国人"。著名教育家、复旦大学创始人，90岁高龄的马相如，当天也致电张学良，劝其"以国为重"。而东北旅津名流刘尚清等九人在给张学良的电报中劝张"切望熟权利害，悬崖勒马，迅速恢复蒋公自由，和衷共济，以延国脉"。一直不曾明确表态的云南省政府主席龙云也于当天致电张学良，认为张的举动"影响国家前途，至深且远，言念前途，实深忧虑"。希望张学良"再加思索，为国家保一线生机，为环境留相当余地"。

而作为张作霖、张学良父子两代心腹的青岛市长沈鸿烈也接受了南京政府的立场，反过头来劝说张学良。沈于当天在给张学良的电报中称："鸿烈受公两世殊遇，苟义所当为，虽赴汤蹈火，固不敢辞。惟此举关系国家民族存亡，影响甚大，实不忍坐见倾危。"沈的电报要求张学良"勒马悬崖，幡然变计，即日保护委座安全离陕，出主政局"。而驻扎在保定的东北军五十三军军长

沈鸿烈

万福麟，虽未像黄永安主动告发张学良的行动给南京政府，但也没执行张学良的命令，并于当日向军政部长何应钦发电称："西安事变，职事前毫无所闻。际此国难当前，职分属军人，自当以服从为天职"，并向何表示"遵电询问彼方实际情况，再为设法诤谏"。

而反叛张学良的黄永安、叶筱泉（重炮团团长）当日也曾致电何应

钦"，表示"拥护中央"，并称"永安从戎有年，粗知大义，对于乱命，未敢盲从"。而反叛杨虎城的冯钦哉当日领衔与中央军四十六军军长樊崧甫等及其下属师长联名请求中央明令讨伐张、杨，电报称："务请中央政府明令军政部何部长应钦大统六军，明令挞伐，哉等蹈汤赴火，是用不辞。"而孔祥熙也于当日致电冯钦哉对他倒戈的行为表示"佩慰"，并期盼冯做张、杨的工作："迅即设法疏解，使事变早日弭消。"因孔与冯同为山西人，孔祥熙特别以同乡的口吻表示："吾晋人士忠义素敦，知吾兄必不任昔贤专美于前也"。

尽管全国的舆论工具大都在南京政府的控制下，似乎是一致拥护政府，谴责张、杨，但也有不少群众团体旗帜鲜明，公开支持张、杨的义举。西安事变当日，西北各界救国联合会等 30 余个团体联名致全国将领及全体武装同志，谴责蒋介石"坚持安内先于攘外，剿共急于抗敌；对外一省一省断送，对内一寸一寸苦攻，民族元气，摧残无遗，国家领土，沦亡几半"。通电号召"全国民众义当竭诚拥护（张、杨的义举），尚望全国各将领，本兄弟阋于墙外御其侮义，加强团结，共赴困难"。

当日，中华回族救国总会致电张、杨，明确表态支持张、杨的义举，称"本会誓领导三千万回族同胞，为公等后盾，不达目的，绝不休止"。而北平学生救国联合会在致张杨的电报中说："捧读文电，雀跃无既。""公等忧心国事，大义昭然；不独公等盛名重著千秋，即国家民族之生机，亦胥赖于此。"电报表示："尚祈公等早日召开救国会议，贯彻八项主张，克日誓师北上，收复已失山河，敝会等誓为后盾。"

当天《西北文化日报》头版头条消息大字刊登："抗日救亡即将展开，各地代表纷纷来陕"。该消息称"现已到陕者计有李宗仁、白崇禧代表刘仲容、宋哲元代表裴佐周、刘湘代表黄慕颜"，紧随这条消息之后是"各被押政治犯一律开释"的消息。该消息称张、杨为贯彻提出的八项主张，已于昨日谕令"即将总部、绥署、军法处、陕西各级法院及其他各军事政治机关所押之政治犯，一律开放"，而《解放日报》对该

日记西安事变——扭转乾坤的十四天

消息的副标题用的是："爱国救国罪人得恢复神圣自由"。当天的《西北文化日报》还刊登了改组后的新任省政府秘书长杜斌丞已于昨日上午赴省府视事，"以便即日正式开始办公"，西安戒严司令孙蔚如就职视事的消息也见诸当日报端。当天，西安事变当局决定取消"西北剿匪总司令部"，所有"剿共"工作全部停止，另成立"抗日联军西北临时军事委员会"主持西北军政事务，公推张学良、杨虎城分别任军事委员会正副委员长，董英斌为参谋长。

当天，张学良在西安电台发表广播讲话，这是西安事变之后，张学良第一次公开在民众面前表态。张学良的讲话开门见山，他首先提到："东北沦亡已经五年多了，华北也几乎名存实亡，整个中华民国眼见就要沦为日本帝国主义的殖民地了！"而"我们的领袖还是胶执剿匪的主张，把国内大部的兵力财力，都用在内战式的剿匪上"。他特别提到在上海逮捕了大批爱国领袖和12月9日蒋介石下令用武力镇压西安爱国学生运动的事例。张学良说："几次苦谏均被申斥、拒绝，绝无改变他的主张的希望。"对于在万般无奈之下，对蒋实行的兵谏，张学良说："学良追随蒋委员长多年，为公为私实在不忍坐视蒋委员长因这种行为，走到自误误国上去，不得不实行最后的诤谏，希望蒋委员长能有最大的反省。"张强调："现在蒋委员长在此极为安全，诸位要知道我决不是反对蒋委员长个人，是反对蒋委员长的主张和办法；反对他的主张和办法，使他反省，正是爱护他，至于他个人的主张，不合民意，必至覆亡。这话不但我不信，恐怕除了少数汉奸以外，全国的民众都不信。我们可以问问全国民众，还是愿意立起抗敌、死里求生呢？还是屈辱到底、任人宰割呢？！"

张学良谈到，一个国家必须要有强固的中央政府，但中央政府必须建筑在民意的基础上。"合乎民意的政府，当然要誓死拥护的，若政府措施违反民意，一定会把国家领到灭亡的路上去。"张表示："我们这次举动，完全是为民请命，绝非造成内乱。一切办法决诸公论，只要合乎抗日救亡的主张，个人生命在所不计。若有不顾舆情、不纳忠言，一味肆行强力压迫者，是即全国之公敌，我们为保有国家民族一线生机打算，不能不誓死周旋，绝不屈服于暴力之下，即不幸而剩一兵一卒，亦必用在抗日疆场上。天日在上，绝无一字之虚伪。诸位要知，我们谋国只应论事不能论人。一般不识大体的人，或者说我们的举动或者有犯上之嫌，若就事论，试问全国四万万五千万民命重，还是蒋委员长一时之身体自由重？我们也曾用过种种的方法，请求蒋委员长即刻领导起来抗日，不要摧残民气。他始终不听，我们才不得已而行权，我们的心地是绝对纯洁，我们的方法是绝对正当，如有反对者，必为全国民众所唾弃，结果必归失败的。"

张学良在讲话的最后，再一次重申了事变之初提出的抗日救国八项主张，接着做了一个这样的表态："吾们愿诚恳的接受各方面的指教和批评，对任何人都认为是中国人，对任何党都视作抗日的力量。"

张学良在结束讲话时附带声明一件事："就是现在南京方面，把我们的电讯隔断，并且给我们造了很多谣言，他们不愿意国人知道我们在这里做些什么，真是一件不幸的事。我们希望国人明了真相，我们不愿意任何人利用这个机会造内乱，给侵略我们的帝国主义造机会，我们只求有利于国家民族，至于个人的毁誉生死，早已置之度外。"

根据被扣留在西京招待所的时任国民党军二十五军军长万耀煌回忆录记载，当天对他们的管束稍缓，"卫兵送来解放日报，报上刊载张、杨所提八项条件，下面署名的连我和陈诚、蒋鼎文均在内，真是啼笑皆非。"同时万耀煌也留意到陕西省政府改组的消息，万认为"改组后的陕西省政府完全是杨虎城的人"。

事变之后，每天都与张学良有交流的南京政府军政部次长陈诚在当日与张学良又有一番交锋。陈诚说当天张学良问他一些问题，其中谈及南京政府会对事变作如何处置，能否接受西安方面提出的八项主张？陈诚告张学良，"中央此时只有调兵西讨之一法，此时各军必多自动西开"。陈诚认

为，"中央如果下令讨伐，各军自然踊跃前驱，此种部队最低限度有40师至50师"。而当天，国民党军第四十六军军长樊崧甫在致孔祥熙与何应钦的电报中称："本军候七九师全部到达，即以一团进取华县。张逆部属真相不明，大部怀疑，冯钦哉表示决守原防，情况似有急转直下之势。西安逆部正筑工事，咸阳有万师固守，扼其北；潼关东封，夺其气。逆部涣散，当在指顾间。"根据国民党豫皖绥靖主任刘峙回忆，为了动摇张、杨部队的军心，当日"特派飞机赴陕散发告西北剿匪将士书及示语21种"。

针对国民党中央军对西安的压力，当天毛泽东致电彭德怀、任弼时，提出野战军开赴西锋镇，策应张、杨，毛泽东在电报中提出的七个理由如下：

（甲）南京已发动大规模内战，全力对付张、杨，主力由潼关进。

（乙）张、杨内部有许多不稳成分，南京政策又拉杨打张，红军与之靠拢，壮其胆而振其气。

（丙）靠近张、杨，可应付各种事变，远离则不能。

（丁）西峰镇靠近王以哲，仍可打胡（宗南）。

（戊）不管西安能守与否，南下有几种机动。

（己）暂时出宁夏不可能，且变为单独的。张、杨同时则进入隘路。

（庚）在现地暂时不动，无仗可打，对张、杨危急又不能救。

依上理由，所以第一步到西峰镇。

而身负重任代表中共中央前往西安协助张、杨解决西安事变的中革军委副主席周恩来当天催马奔驰80里，赶赴延安机场搭乘张学良派来的飞机。童小鹏在当天的日记中有这样一段描述："一清早，连警卫班二十来人每人一匹马，到周副主席住地前面集合，不一会儿，就像一支骑兵队伍那样，在寒风中浩浩荡荡地离开保安城，中途在一个村子吃中饭，休息后继续向延安方向前进，走了约八十里，到安塞的一个小村子宿营。好久没有骑马了，宿营时腰有些酸痛。"

当天中共中央书记处致电中共北方局负责人刘少奇，通报西安事变发生后国内外形势的变化和当前要执行的方针和政策，电报说："西安事变后，南京在亲日派影响之下，已下令讨伐张学良。陕、甘、宁、绥、豫的中央军，已开始调动，向张、杨进攻。即已开绥远前线的汤恩伯部，亦将开始撤回陕北，以扩大内战。日本方面更公开宣传张之赤化，以扩大灭亡中国的防共战线。我即应发动民众，要求南京政府接受张学良之八项抗日要求，停止内战的军事行动，把全部军队开赴晋绥前线抗战，保卫晋绥，并要求南京即刻召集全国各党、各派、各界、各军的救国会议，解决救亡大计。在各地可组织停止内战促进会议、全国救国会议、促进会之类的团体，以扩大运动。在运动中，我们还不要同南京处于对立地位，仍应采取督促与推动他们中的抗日派及中间派走向抗日的方针，但对于亲日派降日卖国，进行内战，镇压民运的罪恶行为，应坚决反对之。必须多方面地活动驻华北名人及各实力派，特别是阎（锡山）、傅（作义）等起来响应张、杨等的抗日主张。此电速转上海。"

此封电报较之事变当天（12 月 12 日）发给刘少奇的电报在提法上已有了一些改变，该电报没再提"要求南京明令罢免蒋介石，并交人民审判"，而是表示"不要同南京处于对立地位"，关于召开救国会议，也从表示"在西安开会"改为"要求南京即刻召集全国各党、各派、各界、各军的救国会议，解决救亡大计"。

当天，毛泽东携红军 10 将领联名致电张学良、杨虎城，表示"文日举义，元凶就逮，抗日救亡，举国同情，弟等率领全部红军与全苏区人民坚决赞助二将军之革命事业"。电报提出三条急于实施的行动方针：

（一）立即宣布西北抗日援绥联军之组成

以张学良为西北抗日援绥联军总司令；东北军编为西北抗日援绥联军第一集团军，张学良兼第一集团军总司令；十七路军编为第二集团军，

杨虎臣（城）为总司令；红军编为第三集团军，朱德为总司令。设立西北抗日援绥军事政治委员会，以三个集团军高级将领为委员，每集团军三人至五人，以张学良、杨虎臣（城）、朱德三人为主席团，张为主席、杨、朱为副，统一军事政治领导。以上组织如荷同意，立即以三方抗日救亡联席会议名义向全军全国宣布。此外，极力争取阎锡山先生及全国其他爱国将领加入，推阎锡山先生为全国抗日援绥联军总司令。

（二）目前军事步骤

抗日援绥联军三部主力集中于以西安、平凉为中心之地区，发扬士气，巩固团结，与敌决战，各个击破之。

在该条中，电报就目前三周内三部主力部队的布置提出具体建议："杨兄所部（十七路军）固守西安城，张兄所部（东北军）及弟部（红军）担任野战。"

（三）目前第一要务是巩固内部，战胜敌人

电报就此举提出四点建议：第一是列出了"东北军、十七路军、红军联合起来，要求停止内战一致对外"等十个口号，另外的三点内容就是加强政治鼓动和肃清内部亲蒋分子。

电报落款的人名是毛泽东、朱德、周恩来、张国焘、彭德怀、贺龙、萧克、林彪、徐海东、徐向前。

此时，张学良统领的东北军各部正在紧急调动之中，根据陈伯钧的日记记载："午间得悉，曲子附近之东北军已全线退至庆阳附近，（东北军）一零六师已派一人来商谈今后问题。"

关于东北军调动的情况也可以从国民党中央军骑七师师长门炳岳当日凌晨发给南京政府军事委员会的一封密电中略知一二。门炳岳在电报中说："顷由本师无线电台收得叛军董英斌、贺奎、常恩多等所发无线电云，各师星夜转赴渭南、临潼附近，集结待命。（109D）（111D）（120D）由原防地经西峰镇、长武沿西兰公路行进，（112D）由张村驿经中部、宜君、同官、富平，到达渭南，对中央军特别注意等语。又收得叛军电，（111D）（122D）即刻出发，经中部、同官、宜君、三原大道，星夜开至西安待命等语，谨呈。"

国际方面，当天下午 1 时，美国代理国务卿穆尔致电美驻华大使詹森，表示国务院希望他访晤南京政府外交部长或行政院代院长，口头表达美国政府对于行政院院长及蒋介石人身安全的关注。一小时后，穆尔再次致电詹森大使就西安发生的扣蒋事件表明："显而易见，对中国国民政府日常职能的干扰破坏（特别是这种干扰破坏涉及到高级官员们之间或针对他们的非法暴力方式，并且可能导致国内军事冲突时），将损害和妨碍中国建立政治稳定、经济兴盛的进程，将给中国人民带来新的困难，一般说来还将对在华外国人士、财产和事业带来的新的威胁，并将给远东国际纷争带来危险。因此，目前局势对世界具有利害关系。"但穆尔强调：目前美国政府还不准备马上表态和采取行动，需要的是认真观察。穆尔说："我希望您对于这些事态予以最密切的关注，详细报告与最近局势有关的重大事实，希望您同中国官方及您的外交同行们（特别是英国方面）保持密切联系。""向我们报告你的仔细观察、研究及与您的同行们商议的情况，并及时不断地告知您的任何观点或建议。"

而这天，南京政府、西安方面和中共都非常关注的一个国家，北方社会主义大国苏联率先表态了。正如英国驻华大使休格森所判断的："我不相信苏联会傻到去支持张学良的冒险，从而削弱中国的抗日阵线"。当天，代表苏联政府声音的《消息报》发表了一篇关于西安事变的社论，反张立场极其鲜明，而此消息当即被南京政府驻苏联大使蒋廷黻转报孔祥熙，社论全文如下：

> 张学良向南京政府提出要求，包括对日宣战及联共等项。此类要求，仅属发动之烟幕，实际上为中国人民阵线之打击，及中国对外抵御之破坏。自蒋氏执政以来，中国已逐渐集中力量，足显表示

日记西安事变——扭转乾坤的十四天

其领导国防之准备与能力。张学良之反动，足以破坏中国反日力量之团结，不独为南京政府之危险，抑且威胁全中国，虽假借反日口号，适以便利日本帝国主义。夫反日人民阵线，仍系与南京合作之阵线，毛泽东于其发表《密勒周报》之文字中，已直言其事。张学良之举动，其最近影响，即新的内战之爆发，亦即日本所急欲利用机会以作更深侵略之举者。无怪前此日方消息，首谓南京拟将张氏撤职，此次则谓张与苏联缔结攻守同盟。此类挑拨，最好答以"此事究竟对谁有利？"但中国人民当能洞烛日本帝国主义之奸秘。

这就是西安事变的第三天。

12 月 15 日
星期二

"共虽偏激，然共党实为无产阶级之政党，代表大多数劳农群众之利益，并非怎样大逆不道，况且在半封建半殖民地的中国，国内被压迫各阶级群众实有携手合作共同革命之必要。"社论赞扬张、杨此举使"各党各派联合起来一致对外共同抗暴日，是不啻结束十年来之旧账，而重开新面，写出历史，天下事歌可泣，恐未有如今之甚者"。

——引自《西北文化日报》12 月 15 日社论

端纳牵线蒋宋夫妇，中共致电南京表明立场
潼关前线压力吃紧，张杨借电台强硬发声

　　昨天蒋介石的私人顾问端纳偕蒋的特勤总管黄仁霖飞抵西安，在会晤张学良后，端纳获准与蒋介石见面。当天《西北文化日报》以"蒋顾问端纳抵省晋谒张委员长探询一切"为题，报道了端纳在见到蒋介石后，对记者的谈话内容："据端纳语记者云：张杨此次举措，纯为救国主张，绝无对人之意，余甚钦佩。南京方面，将此项消息封销，且有人造谣，致国人多不明真相。余明日返沪，当对此间情形，转达京沪各届人士云。"该条消息还披露了12月13日蒋介石给宋美龄的一封报平安的电报："上海蒋夫人亲鉴：元电悉，予甚安好，汉卿招待甚优，勿念，中正手启。"消息来源是国民党中央社。

黄仁霖、端纳与蒋介石合影

　　而昨天，蒋介石的特勤总管黄仁霖见蒋的要求却遭到了张学良的拒绝。身负孔祥熙、宋美龄重托（要当面见到蒋介石）的黄仁霖，昨夜辗转难以入睡，当天上午见到张学良，提出偷偷看一眼的想法，得到张的批准。当他透过窗户看到蒋坐在床上与端纳谈话，知蒋确实活着，且身体无

大碍后，觉得自己的任务完成了，遂向张提出即回南京报平安。

但蒋介石得知黄仁霖也随端纳来到西安，便要求见黄仁霖。张学良不好拒绝，但要求黄除问候外不得多言。而根据蒋介石的日记记载："黄未入前，张请余'对黄勿有他言，但谓身体甚好以慰夫人。则与余等去之电相符矣'。余之不答。"根据蒋当天的日记，黄仁霖在来见蒋时，蒋未多言，只是书函一封。"黄来时，余即作一函致余妻如下：余决为国牺牲，望勿为余有所顾虑，余决不愧对余妻，亦绝不愧为总理之信徒。余既为革命而生，自当为革命而死，必清白之体还我天地父母也。对于家事，他无所言，唯经国、纬国两儿，余之子亦即余妻之子，望视如己出，以慰余灵，但余妻切勿来陕。书就后，为黄朗诵者再，恐张扣留此信，不令携去，则可使黄回京时口述于余妻也，事后，知张果将此函留匿，且不令黄回京。盖张本欲余妻来向余劝解，而余函尾有'切勿来陕'之嘱，则其计将不售也。"

黄仁霖对这段情景的记忆是这样的："他（指蒋介石）并没有多说话，但是却要伺候他的人，给他一些纸张以及墨水和毛笔。他写了一张又一张，再写第三张，写完之后说：'我把这封信，读给你听。'一遍、一遍又一遍，他读了三次。这是很显然的，他要我记牢这封信。如果这封信被人搜去或遗失的话，我仍能记忆。同时只要我能活着，我就能够带这个口信。当蒋先生读第一遍时，我偷偷瞧了少帅一眼，我看到他的脸色变了，变得很激动。我知道我回去的机会完全没有了。"

根据黄仁霖的回忆，蒋一共写了三张纸，有材料说，蒋的日记中提到的内容是前两张纸里写的内容，第三张纸上的内容大意是：叛军倘若在三天之内不把我送回南京，各路大军迅速进攻西安，即使是踏过我的身体前进，也当在所不惜！黄仁霖的回忆也提到这些内容。根据黄仁霖的回忆，蒋写给宋美龄的信被张夺走，他本人也未能回南京复命，而被囚禁了 11 天，直至西安事变结束。

而端纳当天下午飞离西安返京，"过洛阳时因大雨降落，当在洛阳以长途电话电京报告"。国民党的《中央日报》详述了报告内容："蒋委员长现居冯钦哉师长寓中，态度镇定，一如平日，自十二日以来，张学良屡次往谒，蒋委员长均未与谈，此次端纳到陕，张又随同晋谒，张复恳请蒋委员长采纳彼之主张，蒋委员长告以在目前情况之下，绝无考虑余地，即使汝等意见于整个国家有利，亦应提议呈中央讨论。"该消息还提到："端纳以蒋夫人极欲来陕面晤，告之蒋委员长，蒋委员长谓不必来陕，闻蒋夫人拟暂留京。"

对于当天下午端纳从洛阳给宋美龄打来电话一事，宋美龄在她的回忆录中是这样写的："是时西安电报交通均已中断，不料余于星期二（12月15日）下午突得端纳由洛阳打来长途电话，诚令余惊喜欲狂。盖端纳于是晨冒恶劣气候之危险，飞抵洛阳，直接告我以西安之真相。彼以简短之言辞，叙述全局：谓委员长并未受苛刻待遇，端纳到达后，委员长已允

端纳与宋美龄

迁入较舒适之房屋；斯时委员长始初次与张学良谈话，惟怒气仍未息；张表示决随委员长入京，盖彼自承举动虽错误，然动机确系纯洁；张盼余入西安，亦盼孔部长同行……然最后又言委员长坚嘱余切勿赴西安。余请端纳明日来京，端纳称彼已允委员长及张当日返西安。惟气候恶劣，不利飞行，决于明晨返西安，京行势难办到。余因告以军事长官已决定立即进攻西安，彼返西安，或有危险，并嘱其以此真相设法转告委员长。"

当天晚上20点许，宋美龄收到了张学良的一封电报，张学良在电报中重申了他于12月13日给宋美龄电报的立场，表示此举"为公而

非为私"，电报写道："介公在此，极为安全，精神饮食如常，良常谒谈，并妥加侍奉，万望勿以为念。介公处境艰苦，良所素知，但国家民族已至存亡最后关头，中央非变更对外妥协政策，不足以救危亡。精诚团结，固为必要，但必须中央政策，悉和民意，始足以言团结。沉着准备，固为胜算，但强敌无厌，危机一发，何容再谈准备。数年来良之拥护介公，竭诚尽智，为夫人之所深知，金石可渝，此心无二。只以爱国家爱介公发于至诚，屡经以立起抗日涕泣陈词，文证具在，绝非虚语，乃介公之主张坚执不移，万不得已，始有文日之举。区区之心，为公而非为私，倘介公实行积极抗日，良仍当竭诚拥护。端纳即行遄返，不尽之意，由渠面为详陈。"根据电报的最后一句话，看来发此电报时，张学良还不知道端纳所乘飞机未能如期抵京。

张学良在给宋美龄发电一个时辰之前，还发给孔祥熙一封电报，是对孔祥熙12日、13日、14日来电的复电，电文除强调蒋"安全无恙，起居正常"外，再次坦诚地表白了发动事变的初衷和解决问题的立场，没有正面回应孔祥熙14日来电中提到的"惟有请兄陪伴介公即日南下"的建议。张在电报中说："弟等此举，绝纯为实现救国主张。绝无一毫对人私见，尊论救亡须举国一致。极佩卓见。弟等此举，正所以要求一致。至对委座，已再四涕泣陈词，匪惟不蒙采纳，且屡被斥责。弟受委座知遇，绝无负气之理。但委座主张，坚决莫移，已绝对不能否认，故不得已而出此。弟等抗日主张，敢信万分纯洁，决不愿引起内争。如有违反民意，发动内战者，自当独负其责。弟等绝不敢多所顾虑，只图自全，坐视国家民族危亡而不救。沥胆直陈，详由端纳函达。"

孔祥熙对自己向张学良提出的"放蒋和谈"建议没有得到张的积极响应深感不安，当天又提出一个更折中的建议发电给张学良，但口气变得更强硬。孔强调南京政府"将必不能久任吾兄空挟介公一人之质，以贻全民以无穷之祸"，"中央为保持民族生存计，势不得不弃私情而取公义。万一不幸，结果所至，不惟兵连祸结，徒损国家民族之元气，亦恐同归于

尽，立招分崩离析之惨祸。"鉴此，孔祥熙提出，"弟意为今之计，最好吾兄一面严饬所部各队，仍驻原防，听候商决；一面亲送介公至并（山西太原），弟即邀中央负责同人，前往会商，则任何问题，当不难当面解决。否则，不听忠告，调队备战，一任共党滋大，则中央断无坐致灭亡之理。"

关于请阎锡山出面做调节人，先行送蒋介石到山西太原协商解决张、杨与蒋的冲突的想法，孔祥熙在昨天给阎锡山的电报中就已提到，可见南京政府对阎的期待。而张、杨方面也对阎支持他们的立场报以极大的希望，就连共产党方面也把阎算在反蒋阵营中，在当天红军将领给张、杨的电报中就曾建议"推阎锡山先生为全国抗日援绥联军总司令"，而昨天阎锡山在给张、杨的电报中却煞有介事地提出了四个"乎"来回应。当天张、杨就阎提出的四个问题致电阎锡山给予答复。

第一，良等此举，系对事决非对人；对人则善后似不易，对事则善后亦非难。如介公实行积极抗日，则良等自仍竭诚拥护，即罪及良等，亦所甘受。介公如始终不积极抗日，而外力所迫，民意所趋，全国亦必发动抗日，则对介公个人，仍当极力爱护，不成问题。

第二，增加及减少抗战力量，良等之愚，以为须从根本上着想，实有力量而不用，或用而不能发挥最大效能，均不能谓之增加。如使军队与民众真正觉悟，从内心上发出与敌势不两立之抗战精神，则实力之增加，实不可以限量。良等此举，实在促成全国真正觉悟，全体动员，盖对日作战，必须军民并用，仅恃徒知服从之军队，绝不足以济事也。

第三，良等此举，纯为抗日，绝无造成内乱之意，并尽其所能，避免内战。如中央不顾民意，肆行压迫，则是中央自造内乱。中央如不自造内乱，尚有对外作战之心，表示中央积极出师抗日，则良等谨必立时践言，担负最前线之任务。

第四，是否演成国内残杀，须视大众之觉悟如何。如大众彻底党悟，则必共趋对外，而残杀可免，否则即无国内残杀，亦岂有不亡国之理。据良等观察，我国军民觉悟，已达相当程度，如政府拂乎民意，压迫群情，必难存在。

当日张学良、杨虎城在致阎锡山和傅作义的电报中，一方面对绥东将士在阎、傅领导下英勇抗战的行为表示"佩仰"，另一方面再次表达扣蒋行动的立场"此间文日谏请蒋公，积极抗日，未能采纳，因请暂留西安，只为贯彻抗日救国主张，既非内战，也不赤化，与各将士目标一致，甚足加强抗日力量"。当天夜间，阎即将此电文转孔祥熙。

当天国民党的《中央日报》几乎所有版面都是报道西安事变的消息，各行各界拥护政府，谴责张、杨的声明占据主要篇幅，而攻击的矛头均指向张学良。头版头条消息的标题是"居（正）冯（玉祥）两委员，昨在中央报告西安事变详情"。消息称，中央党部于昨天上午 9 时在大礼堂举行总理纪念周，出席会议的中央委员有 70 多人。该消息的副标题称，"本党同志应一致起来奋斗，救平事变使领袖自然归来"。国民政府昨天也举行了总理纪念周，国民政府主席林森做报告，标题是"张学良误中邪说妄作主张，尚望其大彻大悟幡然改图"，而昨天冯玉祥对记者发表讲话，该条消息的标题是"复兴民族端赖团结，盼张速奉蒋公回京"。在"李宗仁龙云等电复何部长，遵命维持大局，一切绝对服从"的大标题下，报道了李宗仁、龙云、何成濬、刘湘、万福麟、刘建绪、孙震等把有兵权的地方实力派给军政部长何应钦的电文，对其中刘湘的表态还单发了一条消息，这条消息的标题是"刘湘返蓉，对西安事变异常愤慨，决即通电声讨张"。在"绥远官民极表愤慨"的大标题下，小标题称"汤恩伯食不甘味，傅赵均寝不安眠"。在同一版面上，《中央日报》还刊发了"全国青年将领联名电箴张学良"的消息。该消息称，"全国青年将领胡宗南、黄杰、李默庵、孙元良、李延年、俞济时、贺衷寒、邓文仪、毛邦初等二百七十五人，代表全国七万余同学顷电张学良致箴告"。

当天的《中央日报》头版还刊发了昨天宋子文在中国银行接见新闻界的谈话，标题是"蒋在西安绝对安全，赴陕与否听命政府"。他在谈话中称："本人以为西安事变乃系国家最不幸之事，目前急须用有效办法，于最短时间内解决。盖全世界之目光，刻正集中于中国也。本人对蒋院长公私之关系，及与张学良多年之友谊，均为人所共知，在特殊关系之中，如有任何可能解决之办法，本人极愿在政府领导之下，尽最大之努力。至于采取何种方法，须待政府决定，本人是否赴西安一行之必要，亦待命于政府。"对于宋子文前往西安的说法，南京政府方面很多人反对和担心，当天就有龙云致电宋子文，认为此行"千万不可"。龙云在电报中说："人心已变，前车可鉴，纵欲前往，非两兵相接，予以惩创，学良有悔祸之时，再为酌夺。"

西安，当天的《西北文化日报》用特大号字刊登"抗日联军临时西北军委会成立"的消息，而《西京民报》用的标题是"剿匪总部正式取消"。就此，《西北文化日报》配发社论"剿匪工作之停止与抗日联军之成立"，阐述这一举措的重大意义。社论将重大意义归纳为两点，一是"可谓抗日工作之初步表现，现在正式机关成立，名正言顺，救亡大业，将从此开展矣"，二是"取消剿匪总司令部，所有剿共工作，完全停止，此其意义，更为重大"。

《西京民报》报道："剿匪总部正式取消"

社论由此展开，认为"剿共"是过去十年错误国策造成的，有背先总理联共的三大政策，造成劳民伤财、内战不止、死伤无计的局面。

对于共产党，社论做了这样一个表征："共虽偏激，然共党实为无产阶级之政党，代表大多数劳农群众之利益，并非怎样大逆不道，况且在半封建半殖民地的中国，国内被压迫各阶级群众实有携手合作共同革命之必要。"社论赞扬张、杨此举使"各党各派联合起来一致对外共同抗暴日，是不啻结束十年来之旧账，而重开新面，写出历史，天下事，可歌可泣，恐未有如今之甚者"。

在报上发表如此言论，这在几天前做梦都是不敢想的。当天的《西北文化时报》还刊登了"西北各界救国会昨开会议，商讨工作进行"的消息，并称"今日迁入前（国民党）省党部内办公"，而该救国会在西安事变前还是一个不能公开的秘密组织。当天的《解放日报》也刊登了抗日联军西北军事委员会成立"陕西省民众运动指导委员会"的消息，共产党人王炳南出任常务委员，共产党人、学生领袖宋黎出任委员兼民运武装部部长。

继昨日张学良在西安电台做广播讲话后，当日，杨虎城也在西安电台做了一个广播讲话。杨说在这国家生死存亡之际，我们的救国方略是"除了全国一致、不分派别、向同一的目标，对准中华民族的敌人——日本帝国主义者抗战以外，实在是再没有第二条生存的道路了。现在南京政府在蒋委员长控制之下，他们一贯的政策，究竟是怎样的办法呢？他们所号召的口号就是'安内攘外'。

"同胞们！我们平心静气的想想，日本帝国主义的积极进攻，亡国灭种的惨祸就在目前了！所谓'安内'仍然是中国人杀中国人，将来的结果也只有同归于尽，还谈到什么'攘外'吗？"

谈到几天前发生的西安事变对蒋介石的扣留，杨虎城说："我们这次的举动，是完全出于救国救亡的热诚，绝不是对蒋委员长个人的。我们的愿望是在抗日的旗帜下，全国同胞一致团结，不但是不分派别，即就是不抗日的，我们也希望唤醒他们来抗日，纵然他是汉奸，我们还要拿出良心来激励他们，使他们能够回到我们的这一条抗日战线来。'一二·一二'的举动在意义上，完全是为爱护蒋委员长而发动的，即是我们不忍坐视他的政策错误到底，做了我们中华民国罪人。"杨虎城

在结束他的讲话时说："我们是抗日，不是内战，所以张副司令昨天说的话，我们就是剩了一兵一卒，必用在抗日的疆场上，虎城也是这个决心，只要我们中华能够争得生存，为功为罪，虎城是不计较的。"这是西安事变发生之后，杨虎城第一次在公众面前亮相说话，他讲话所持的立场和态度与张学良完全一致。

而分化张、杨是南京方面的指望，就在当天，孔祥熙还在试图策反杨虎城，他写给杨虎城一封电报，让樊崧甫托杨虎城的原部下冯钦哉转给杨虎城。他在给樊的电报中说："惟杨虎城身在陕垣，是否被迫，真相不明，而冯系其旧部，当知底蕴。如能嘱冯密劝杨就近营救介公脱险，事机极为顺易。"因此，孔在转递给杨的电报中说："是以为今之计，吾兄果能劝汉卿悬崖勒马，导入正轨，护送介公安然回京，则满天阴霾，自可立即消弭。倘汉卿仍旧执迷不悟，而吾兄为自身革命光荣计，亦宜另寻自处之道。"孔的言外之意，不言而喻。

当天，由毛泽东领衔总计15位中共高级领导人联名致电国民党和南京政府，就西安事变表达中共方面的态度和立场。首先电报表示"西安事变惊传蒋氏被困，事出意外"，然而原因在于"蒋介石对外退让，对内用兵，对民压迫三大错误政策之结果"。电报表明了对张、杨发动西安事变的态度："张杨均系贵党中央委员，且属剿共领袖，然亦坚持停止剿共，一致抗日，观其宣布之八项主张，实为全国人民之所言，厉行不暇，何可厚非。"

其次电报认为，对西安事变的发生"南京当局亟宜引为反省之资，而绝不可负气横决，反而发动空前之内战"。就此，电报做了利害的分析："语云，鹬蚌相持而渔人伺于其侧，渔人今已高举其网矣。彼日本者，自闻南京决定讨伐张杨，兴高采烈，坚甲利兵，引满待发。诚使南京诸公萃沿海长江守备之军，大兴讨伐于西北一角，姑无论西北苦寒之区，张杨勇义之众，晋绥烽火之侧，而全国鼎沸之时，胜负之数，诚未可知。藉令战胜攻取，快意肆志，而日本乘机入寇，因虚而袭沪宁，取青济，华北独立，西北亦危，全国丧亡，真将万劫不复。螳螂黄雀之喻，亲痛仇快之讥，千秋万世，永难煎涤。"

电报最后表达了中共方面解决西安事变的立场和具体要求："中国者中国人之中国也，国之不存，民于何有，民之泯灭，党将焉傅。是以鄙人等年余以来，不惮反覆陈词，谋国共之合作，化敌为友，共赴国仇，亦既舌敝唇焦矣。公等而果欲自别于蒋氏，复欲自别于亲日派，谓宜立下决心，接受张杨二氏主张，停止正在发动之内战，罢免蒋氏，交付国人裁判，联合各党、各派、各界、各军，组织统一战线政府，放弃蒋氏爱摆之集权统一纲纪等等索然无味之官僚架子，老老实实与民更始，开放言论自由，启封爱国刊物，释放爱国人犯，举内战之全军，立即开赴晋绥，抗御日寇，化黑暗为光明，变不祥为大庆。若是，则鄙人等虽不敏，愿率人民红军二十万众，与贵党军队联袂偕行，共赴民族革命之战场，为自由解放之祖国而血战。否则国亡种灭，不但全国人民及贵党中爱国志士不能坐视，鄙人等亦决不能袖手旁观也。临电屏营，伫候明教。"

电报最后的落款是：毛泽东、朱德、周恩来、张国焘、林祖涵、徐特立、王稼祥、彭德怀、贺龙、叶剑英、任弼时、林彪、徐向前、陈昌浩、徐海东。

当天，中共中央代表团团长周恩来一行从安塞的小村子出发，一路兼程想早点赶赴延安，以便搭上张学良派来的飞机，但还是没来得及。对于当天的经历童小鹏是这样记载的："继续策马前进，争取早到延安登机去西安。下午到达延安城北门外，有红军一部驻在那里，据他们向周副主席报告，延安城里还有国民党的县长和民团驻守，不让红军进城。又说，今天中午从西安来了一架飞机，降落在延安东郊机场，说是来接中共代表团的，因没有看到中共代表，不久就飞回西安了，我们就在部队驻地住下来了。"

此时，国民党中央军对西安东线的压力更趋吃紧，由于冯钦哉的背叛，而轻而易举拿下潼关的樊崧甫，继续向西压过来，前线的情况可以从当天樊给孔祥熙、何应钦、冯玉祥的电报中略知一二。

南京，军委会副委员长冯、行政院代院长孔、军政部长何：

（1）冯军长钦哉派郭副师长景唐、少校参谋徐思贤来潼，表示不受伪命真意。现商定对匪军及奉军绝对打，对陕军任收容，不为中央后患。

（2）六九师杨澄原饬派上尉副官刘安平来潼联络，已将进展情形告知。

（3）一零五师师长刘多荃及第一旅旅长唐君尧派该旅参谋长高志恒来潼，请中央设法调解，免除战事。恐其泄露军情，暂行留部，转送开封，一面函慰刘、唐。

（4）现以二八师集中华阴，进占华县。职樊崧甫。

对于如何彻底打破国民党中央军对西安的压力，毛泽东当天在给彭德怀和任弼时的电报中，提出了一个大胆的设想。电报全文很短，但出人所料："无论军事政治方面，目前均须击破敌之要害。敌之要害不是宁夏或甘肃，而是河南与南京。敌已奉行大规模内战，我们对战争是后发，不是先发。然在敌主力向西安进时，我军应奉行大的战略，迂回并击破敌头脑之南京政府，此方针应无疑义。行动务求荫（隐）蔽，一切人不得下达。"

对于一触即发的内战危险，国

李济深

民党元老李济深在当天给南京国民政府主席林森等若干要人的电报中表达了自己的态度。他没有评价西安事变的是非及张、杨的对错，而是主张全民团结，一致对外。他在电报中写道："顷闻陕变，震愕莫名！诸公国家柱石，定能处置裕如。惟际兹强寇压境，危亡即在目前，至盼号召全国所有力量，一致对外，方足以挽救危亡，若再另起纠纷，豆其相煎，是真使国家民族陷于万劫不复之境矣。心所谓危，敬贡区区。伏维详察！"

而苏联方面，继昨天苏联政府机关报《消息报》发表社论，公开谴责张学良、支持蒋介石为首的南京政府之后一天，苏联共产党中央机关报《真理报》当天也就西安事变发表社论，该社论持与《消息报》同样的立场，反对张学良的举动，而且口气更加刻薄。该篇社论也是由南京政府驻苏联大使蒋廷黻抄报给孔祥熙的。

《真理报》社论抄报文如下："本日（十五日）《真理报》关于西安事变著社论，略云：南京政府方团结国内一切力量，向抗日之途径进行，乃反动派顽强阻遏此种运动，张学良所部叛变之原因，应于此中觅其解释。张学良固曾有抵抗日本之一切机会，乃彼抱不抵抗主义，不战而将东北各省拱手让于日本人，现乃转以反日为号召，此乃投机，事实上将促成国家之分裂，沦中国为外国侵略之牺牲品。前广东军阀亦尝以反日运动为护符，实际上乃为日本军阀之帝国主义作伥。……日本军人认蒋氏统一中国之进展，对于日本奴化中国之计划，有致命危险，故教唆中国将领，反对南京政府，必要时且不惜假借反日口号。日本报纸意欲嫁祸于人，素习造谣挑拨，谓张学良政府已与苏联缔结军事同盟，此种虚构杜撰之谣言，实自暴其丑。苏联严格不干涉他国内政，与惯于造成傀儡之政策，绝不相同，中国人民当不致为日本挑拨者及卖身之汉奸所欺。"

这就是西安事变第四天。

12 月 16 日
星期三

　　西安事变突尔传来，不独军事上失所秉承，而正争先反正之蒙伪各部，亦为之观望。我方将士于冰天雪地艰苦抗战中，骤悉领袖被劫，莫不含涕悲愤。以先生此举，非特紊乱国纪，腾笑友邦，抑且破坏御侮阵线，断送复兴机运。责有攸归，伊谁之咎？惟希幡然改图，早护领袖返京，俾边防抗敌将士有所秉承。

　　　　　　——引自傅作义等给张学良的电报

南京决议讨伐张杨，西安大会张杨坦诚表态
共产国际要求和平解决，南京西安争夺中间力量

受宋美龄之托前往西安探视虚实的端纳昨天原计划乘飞机返回南京，但因天气原因，被迫降落在洛阳。当晚，他即与宋美龄通电话，汇报了他在西安看到的一切，并决定今天返回西安。宋美龄当即嘱托端纳把"军事长官已决定立即进攻西安的消息转告蒋介石"。对于张学良邀请孔祥熙赴陕一事，宋美龄嘱咐端纳征求对方意见"可否以宋子文或顾祝同代之"，并表示她个人赴陕的决心。当天早晨，端纳起飞赴陕前，宋美龄、孔祥熙再次与端纳通电，宋美龄在他的回忆录中是这样记载的：

"星期三晨，余乘端纳未启行前，复与通话一次，余嘱端纳告张学良彼若不愿手造惨酷之国难，应立即护送委员长返京；并请以目前余所处之境遇告委员长，祥述余努力阻止战争之经过。余复嘱端纳抵西安后，应速乘机返京。彼答曰：'否，我愿留西安。'余最后曰：'余若不能阻止战争，则尔在西安或有生命之危险。'彼答曰：'或有其他办法，我今不能多言。'时孔部长在余旁，即接电话机继续向端纳说话，嘱其转告张学良，彼即不计令誉，当知彼之生死存亡，亦将以能否确保委员长之安全为断；彼欲拯救自己，拯救国家，当以飞机护送委员长赴太原，恢复其自由。倘能照办，一切皆可不究。"

宋美龄回忆当晚端纳即给她回电："称已抵西安，向委员长与张学良转达我电话中之意见，今西安将领已欢迎子文与顾祝同之入陕矣。"宋美龄称端纳的电话让"避免武力以求和平解决之希望，又微露其一线

光芒"，"是余以和平方式营救委员长出险之主张，始得第一步事实之
佐证"。

蒋介石在当天的日记中也提到于当日午后见到端纳，蒋的日记是这
样说的："清晨，张来见余形色苍白，告余曰：'昨夜我本已将此间之委
员会说服，原定 4 天至 7 天内可送委员长回京；但中央空军在渭南、华
县等处，突然轰炸进攻，群情愤激，故昨夜之议又将不能实行矣。奈
何！'余闻此语，知中央戡乱定变，主持有人，不啻客中闻家庭平安之
吉报也。然察彼所谓 4 日到 7 日之约期，则知彼等或有所待而不能自决
乎？午后，端纳自洛阳回，知洛间军事仍在进行，此心更慰，以党国与
人民必安定，则个人安危固不足计也。"

当天发生在潼关以西渭南华县的战事，国民党《中央日报》的说法
是："午前在华县附近之中央军一部，突遇张学良叛军向之进攻，当即
还击，遂发生战斗。"而根据潼关前线最高军事指挥官，国民党中央军
六十七军军长樊崧甫回忆，事实的真相是这样的：

"16 日晨，接董钊电话报告：张杨派缪澂流为前敌总指挥，率杨虎
城部孙虎臣旅车送渭南增援，请筹划应战。我想，缪澂流以前敌总指挥
身份到渭南指挥，必须折其锐气，挫其威风。我当以电话通知空军指挥
官毛邦初派机轰炸，并嘱勿炸民房，只炸军车。

"毛出动了六架轰炸机，适缪澂流总指挥部车到渭南车站，正在下
卸，炸得他们四散奔跑。何应钦电话问我：谁发令轰炸渭南车站？我告
知原因，声明是我和毛邦初协定的。他说：现在正磋商和平解决，不可
轰炸。"

关于这次军事行动，也反映在当天樊崧甫致何应钦的电报中："铣
日航空队轰炸渭南陕军，警备队第三旅及东北军一〇五师一团均惊散。
二十八师于删日集中华阴，进占华县。第一线部队暂在赤水镇停止前
进，与西赤水之叛军相对峙。同时又在孝义、包家两处架桥，准备以
第十师及第六师渡渭河北岸"。临时设立的国民党中央党部驻洛阳办

事处主任赖琏（国民党中央执委）当日也以一号密电报告南京中央党部："今早空军出动，轰炸渭南、赤水、华县等处叛军。桂永清已至潼指挥。"

当天国民党南京政府军事委员会给云南省政府主席龙云的一封电报中披露了当日召开的中央政治委员会做出的军事讨伐张、杨的决议，电报说："文日陕变发生，迭经各方恳切劝告，迄至今日，已属绝望。同时，张学良、杨虎城已于今日在西安就任伪组织正、副委员长，并嗾使所部反军向我华县、咸阳驻军开始攻击。逆谋业经显著，我中央为整肃纪纲，已于今日第三十次中央政治委员会议决议：（1）由国民政府下讨伐令；（2）推何委员应钦为讨逆总司令，迅速指挥国军，扫除叛逆，特电布达。"根据《中央日报》的报道，此次中央政治委员会是当日上午九时召开的，决议还有第三条为"推于委员右任宣慰西北军民"。

对于国民党中央军在渭南华县的军事举动，张学良不敢怠慢。当天，张学良电令东北军迅速开赴前线，电报说："此间派军队甚急，仰将所部主力先轻装星夜急进，务将每到达位置，限宿营后迅速具报。"而根据樊崧甫的回忆录，当天午后，"张学良派了一个上校副官来潼关接洽，他声明张学良是以兵谏要求抗日，蒋生命安全，求谅解，勿再进逼，以便和平解决。"樊崧甫在回忆录中还提到被扣在西京宾馆的陈诚事后对他讲了当天发生的这样一段事情。

"张学良于16日晚，神色仓皇地走进西京饭店，一见到我，大叫辞修。我问他有什么事？张说：'打来了。'我再问：'谁打来？'张说：'你的手下大将樊崧甫打进来了，这家伙不懂得政治意义，盲目地猛攻进来。'我说：'你从前告他进剿不利，逗留不进，现在他进剿颇力，很符合你的愿望。'张说：'你不要胡言，你下命令叫他停战。'我说：'这不解决问题。'陈调元在旁说：'我们同樊崧甫没深交，蒋百里是他们的老师，可和他研究研究。'张去找百里磋商，百里说，双方对峙，内外不通气，怎能沟通你的意图，必须在扣留大员中送一个人出去以取信，才能商量和解。张说：'百里先生，你看放谁出去为妥当？'百里说：'那么就放你最讨厌的蒋鼎文出去，对方看到你能放最厌恶的人出去，就可以相信你和平解决的诚意。'"

陈诚在他的回忆录中也提到当天"张与蒋百里同来"。张也提到中央军在华县渭南的军事动作，并说前方指挥进攻者是陈诚的手下大将樊崧甫，陈诚写道"张出此言，或有请余止樊勿攻之意，但未明说而已"。

而蒋介石当天的日记提到蒋百里向他当面提出建议一事："是晚，张同蒋百里先生来见余。为余言：'此间事已有转机，但中央军如急攻，则又将促之中变。委员长固不辞为国牺牲，然西北民困乍苏，至可悯念，宜稍留回旋余地，为国家保持元气。一再婉请余致函中央军事当局，告以不久即可出陕，嘱勿遽进攻，且先停轰炸。'余谓：'此殊不易做到。如确有一最短期限可送余回京，则余可自动去函。嘱暂停轰炸三天，然不能由张要求停战，则中央或能见信；如照彼等所言须停止七天，则明为缓兵之计，不特中央必不能见信，余亦绝不受其欺也。'百里先生谓：'当再商之，总预派一人去传述消息。'"

蒋百里何许人也，能与蒋介石说上话。蒋百里时任南京政府军事委员会顾问，是被公认的军事理论家。他刚刚从欧洲考察军事回国，飞抵西安向蒋介石汇报，不料赶上西安事变，与陈诚等人同被扣押。但他与其他被扣的蒋系大员不同，对张、杨的行动执同情和赞赏的态度。因此，事变次日上午，张学良即派车将蒋百里送到杨虎城私室居住，待以上宾。此时，情急之中，张学良又想到蒋百里，认为蒋百里

蒋百里

威望甚高，又是无党派人士，是出面调停的最合适人选，蒋百里痛快地答应了张的请求，这就有了二蒋对话一事。二蒋对话时，张学良有意自行退出，此次谈话虽没有结果，但蒋介石也没回避蒋百里提出的暂时休战的提议。

而对于宋美龄提出，让顾祝同和宋子文替代孔祥熙来陕治商一事，当天张学良即致电顾祝同，表示："此间同人均报欢迎，在陕安全，弟可完全保证，请即日命驾，无任企盼"。而当天，张学良在答复冯玉祥13日函电，要求张学良先释放蒋介石一事，表达了他的坚定的态度。张在电报中就放蒋一事说："至先送介公回京一节，抗日主张及行动未能实现以前，势难遵办。我公关怀良等困难，并愿为之担保，具佩隆情。惟良等苦闷，惟在抗日未能及早实施，致国本日危，复兴无望，此外私人方面，固无困难而言。担保一层，尤无必要，盖良固不惮以七尺之躯，换得主张之实现也。"

当天《西北文化日报》刊登消息"市民大会今日举行，特约救亡领袖讲演，会毕举行示威游行"。消息说，大会上午10时在革命公园举行，主席团由杨明轩、韩卓如、宋绮云等13人组成。次日，该报大字标题报

西安市民大会现场

道"十万群众同仇敌忾，热烈拥护'双十二'义举，张杨两将军在欢呼中慷慨陈词"等。当天正好是"一二·九"西安学生爱国游行爆发一周时间，张学良的讲话也就从那天说起："在'一二·九'那天，我曾经向参加请愿的同学讲，'关于抗日问题，一星期内，用事实答复'，想诸位还记得，那天事情真是给我一个绝大的刺激。因为'一二·九'西安学生运动，我同蒋委员长在言语上发生了很大冲突。我认为学生请愿的动机，绝对是纯洁的。处置办法，只有和平劝导，和用使学生，也可以说使一般民众满意的事实来答复。而他却说：'对于那些青年，除了用枪打，是没有办法的。'各位同胞们，我们的枪，不是打中国人的，任何中国人的，我们的枪，所有的中国人的枪，都是打日本帝国主义的。"

张学良在讲话中提到的另一件事就是国民党南京政府在上海逮捕七位救国领袖一事，就此张学良披露了一段他与蒋介石的对话，张学良说："他在上海搜捕了七位救国领袖，我为了这件事，曾单身一人乘军用机飞洛阳，请他释放那几位无辜的同胞。其实我同那几位既不是亲戚，又不是朋友，有的见过面也不大熟。而我所以积极援救他们，不过

全国各界救国联合会"七君子"。右起：邹韬奋、李公朴、沙千里、沈钧儒、章乃器、史良、王造时

是因为主张相同，意志相同。蒋委员长不采纳我的请求。后来我说：'蒋委员长这样专制，这样摧残爱国人士，和袁世凯、张宗昌有什么区别'，他回答我说：'全国只有你这样看，我是革命政府，我这样做，就是革命！'，诸位想想，他这话有没有道理？"

张学良再次表示，他与蒋之争不是个人恩怨："我同蒋委员长私交感情很好，所争的就是政治主张，我几次用书面诤谏、当面诤谏，请他放弃他的错误的违反民意的主张，领导全国民众从事于全国民众所愿意做的工作，作一个全国民众所爱戴的领袖，可是他不但不接受，近来反变本加厉了。""由上项事情看来，我们认为蒋委员长的主张的决心，用口头或当面的劝谏，是绝不能改变的，所以才同杨主任和其他西北各将领，发动'一二·一二'的事件。"

张学良最后强调："同胞们！我们是只求主张实现，此外我们既不要钱，也不要地盘，我们为了实现我们的主张，我们要立于抗日战线的第一线，我们要在抗日战线上效死。同时我们要求全国同胞，一致起来走向抗日战争，有力量出力量，有钱的出钱，尤其是武装同志、壮年同胞，一定要把一腔热血，洒在抗日战线上。同胞们起来！我们的主张要我们自己来实现。"

张学良讲完话后，杨虎城接着讲演，杨虎城是从"革命公园"讲起，提醒同胞不忘先烈的伟大精神，踏上先烈打开的血路，一致团结起来，努力抗战。

杨虎城感慨现场的热烈气氛，由感而发说了这样一段话："兄弟今天看到会场的热烈情形，不觉得大为感动。我记得从前在这里开会的时候，每次听到的都是'安内攘外''敦交睦邻'的口号，群众们受着环境的压迫，可以说是没有一点自由的。切实地说，若干年来也就是在这些好听的口号当中，几乎已将中华民国断送了。直到今天才得真实地来表现我们救国的意义，毫不虚伪地提出了我们的主张，这才可以说是第一次的民众大会，第一次的民众得到自由的大会，这是兄弟今天觉得非常高兴的。"

杨虎城在讲话中也强调对蒋介石实行兵谏，是不得已而为之。杨说："所以这次的事是以国家民族为前提的，绝不是对蒋委员长个人而发生的，这一点是张主任委员与兄弟都是可质之天日无愧怍的了！"在谈及西北各省，杨虎城说现在西北已不能算是抗日的后防，而已变成抗日的前线了，杨虎城说："我们的张主任委员很坦白表明了他爱国的虔诚，并认清了西北民众革命的伟大性，是极大帮助我们更要拥护保障东亚和平的领袖主任委员，拿出铁和血的牺牲，领导我们收复东北失地，打倒日本帝国主义，西北民众来完成我们革命的光荣史。"

对于这次大会，当时身为西安市第一师范学校一名学生的惠毅然有这样一段记忆："参加集会的各界人士都用身边可以找到的'武器'将自己武装起来。陕西青年援绥抗日战地服务团因获得张学良的特批，借来 100 支长枪武装起来参加了当天的集会。"而时任国民党《中央日报》记者的唐君如描述："由各保甲长沿户传唤，每家须派一人参加。到会者显相当众多，但入门后，即不准外出"。唐君如称"张（学良）演说时东北人欢声雷动，杨登台则由陕人捧场"。

会议组织者以"西北各届拥护张杨两将军救国主张民众大会"的名义向全国发出通电，号召全国同胞响应张杨的义举，希望"国内外救国领袖、各界代表，即日命驾来陕，共商救国大计"。大会还致电傅作义，表示"此间张杨两将军刻已成立抗敌援绥军，民众亦已组织援绥义勇军及战地服务团，不日出发"，"西北千万民众，誓整武装，以为后盾"。而傅作义并不领张、杨的情，当天傅作义领衔 30 多个国军将领在致张学良电报中态度明确地表示："自匪伪侵绥，义等在蒋、阎正副委员长领导之下，

傅作义

坚忍抗战。赖委座指示宏略，前方将士效命，红格尔图及兴和诸役，予敌重创，继乃收复百灵庙及锡拉木楞召等地，敌望风披靡，不敢再犯。全国人心，为之一振，国运丕转，已奠民族复兴之基。迄日军事急转直下，正节节进展，西安事变突尔传来，不独军事上失所秉承，而正争先反正之蒙伪各部，亦为之观望。我方将士于冰天雪地艰苦抗战中，骤悉领袖被劫，莫不含涕悲愤。以先生此举，非特紊乱国纪，腾笑友邦，抑且破坏御侮阵线，断送复兴机运。责有攸归，伊谁之咎？惟希幡然改图，早护领袖返京，俾边防抗敌将士有所秉承。民族前途，系于一念，惟先生其善图之。"

而广西全省商联会当天给张杨的电报所持的态度与傅作义等截然不同：

"西安。张副司令杨主任钧鉴：

奉读电文，钦仰曷极！自九一八以还，国人一致主张抗日，放弃亲日外交。而南京政府不顾民意，甘于媚外，一再屈服，言之发指！前奉李主任白司令倡导，义师北上杀敌，在中央本应以同情，从事领导。乃不此之图，反施种种伎俩设法镇压。李白两公因恐对外不成，内争先起，投鼠忌器，只得隐忍。迄来绥东事起，民气益张，乃中央仍曲意粉饰和平，我民众在积威之下，愤懑已极。此番公等首倡义举，消息传来，无任欢腾。敢祈即日誓师，发动全民抗日，本会同人，誓为后盾。谨电驰慰，诸希鉴察。"

当日《西北文化日报》发表题为"斗争局面之开展"的社论。该社论说："现在可以说，民众与张杨已结合成一体了，张杨走民众所要走的路，做民众所要做的事，民众难道还不尽其所人力物力拥护的吗？"社论称已收到全国多地发来的响应电文"千数百件"，李宗仁、白崇禧、刘湘、宋哲元等人的代表也先后抵陕。

社论描述"僻处西北角上之西安，骤然间成为全国抗敌救国运动之中心"。社论同时也激烈地抨击了"少数军人政客官僚买办阶层人物"，矛头直指南京政府军政部长何应钦。在题目为"救亡阵线具体展开后，南京政府狼狈异常"的头条消息中，抨击"何应钦野心勃勃欲乘机把持权势，因私害公对救国主张竟只字不提"。该消息指责何应钦在"当此国难严重之时，若使居心无他，在事前既未曾主张抗日，在事后犹不应置抗日救国之大计于度外，而专为个人做走狗，倡导封建式的复仇运动，是其思想之偏狭，野心之勃勃，实不问可知矣"。当日的《西北文化日报》还报道了"抗日联军委会规定释放政治犯办法"，该消息称"除卖国汉奸外限十日内办竣"，关于杨虎城将军的夫人谢葆真等人发起妇女救国后援会一事也见著当日报端。而该报也披露了宋子文将来西安谒见张学良的消息，消息引用的是当天早晨宋子文给张学良的电报"候端纳返京，当飞陕西晤，解决一切"。

当天的国民党《中央日报》也刊登了宋子文将赴西安的消息，用的也是这个电报，一字不差，这条消息是放在头版头条"端纳返洛电宋报告面晤蒋委员长情形"。该报道称蒋"安居冯寓态度镇定如常，对张恳求谓无考虑余地"，而"端纳再飞陕宋子文亦拟前往"是该消息的第二副标题。当天的《中央日报》除继续报道"各省当局力维治安，电孔表示赤诚拥护"，"全国将领电呈中央，请颁明令讨张"外，还特别提到张学良的部下万福麟部拥护中央，对张将做最后净谏和东北军炮八旅投诚中央的消息，该条消息用的题目是"张部将领深明大义"。

当天《中央日报》头版最特殊的版面是"全国新闻界对时局共同宣言"，该宣言称："根据数年来之事实，吾人坚信欲谋保持国家之生命，完成民族之复兴，惟有绝对拥护国民政府，拥护政府一切对内对外之方针与政策"。宣言抨击张学良的所作所为，要求张学良恢复蒋的自由，安全护送蒋回京，落款的新闻单位有数百家之多。

而苏联两大报纸《消息报》和《真理报》关于西安事变的社论当日

日记西安事变——扭转乾坤的十四天

《中央日报》刊登"苏联两大报论西安事变"

见诸报端，消息的题目是"苏联两大报论西安事变——认为破坏御辱力量之团结，中国将论为侵略者牺牲品"，这两篇社论分别发表于12月14日和12月15日。当天苏联副外交人民委员斯托莫尼亚科夫再以特急电报致苏联驻华临时代办斯皮利瓦涅克，嘱其立即向孔祥熙或张群声明苏联政府对西安事变的立场："苏联政府不但与西安事变始终无任何联络，且自满洲事变以来，苏联政府无论直接或间接，皆未与张学良发生任何关系，苏联政府与中国'共匪'亦无任何联络，故对于中国'共匪'之行为，不负何种责任。""中国的敌人造出下流的诬蔑之辞，说苏联政府似乎与西安事变有某种关系，而中国也有个别人和几家报纸重弹这种论调，苏联政府对此极表惊诧和愤慨，苏联政府对此表示抗议，并希望中国政府采取措施制止这类诬蔑性谣言的传播。"西安事变爆发第三天《新兴报》就宣称："据中国方面接报告，张学良此次之举兵，与朱德、毛泽东等之共产军有联系，且与苏联已成立谅解，因以蒋为人质而监禁，以使国民政府即时布告对日宣战。国民政府方面，如更持逡巡的态度，则将于苏联后援之下，与共产军合流，自陕西向陇海线并进而向中原推进，国府方面对之，早已命在河南山西之中央军待机，以备向陕西省境移动。"

苏联政府的这种立场和表白对南京政府无疑是吃了一个定心丸，而对于曾经寄希望于苏联能够给予强大支持的张学良而言，可以说是泼了一头冷水。

根据宋黎的回忆录说："最使张学良感到不能接受的是苏联的《消息报》《真理报》连续发表文章认定张学良的举动将破坏中国抗日力量的团结！""张学良受了日本特务和汉奸的唆使！"宋黎记得有一天在张公馆楼梯上遇到了张学良，只见他手拿《真理报》自言自语地说："我救了共产党，你们就这样对待我！"宋黎因没得到党的指示，只能默默无语。

共产国际执委会书记处当天复电中共中央书记 12 月 12 日电报，虽然这封电报因电码错乱未能译出，但已鲜明地表白了共产国际的态度。

谨电复你们采取如下立场：

一、张学良的行动不管意图如何，在客观上只能损害把中国人民的力量团结成抗日统一战线的努力，只能鼓励日本对中国的侵略。

二、既然事情已经发生，就要重视现实，中国共产党应坚决主张和平解决冲突，解决的基础是：

（甲）改组政府，政府中应容纳若干抗日运动的代表，若干主张中国领土完整和独立的人士；

（乙）保障中国人民的民主权力；

（丙）停止执行消灭红军的政策，同红军合作抗日；

（丁）与同情中国人民抗日的各国合作。

最后，建议你们不要提出同苏联结盟的口号。

而中共方面，继昨日毛泽东、朱德、周恩来等 15 人联合致电国民党和南京国民政府，要求他们接受张、杨的八项主张，不要挑起内战风波，罢免蒋介石，交付国人裁判，组织统一战线政府。当天《红色中华》报发表题为"蒋介石罪大恶极——十年反革命，五年卖国"的社论，要求将蒋交人民公审。而担负打通国际、取得苏联援助的红军西路

军向中央建议:"党必须用全力推动这一事件的发展,使之成为组织国防政府和抗日联军,实现全民抗日的动力。"对于蒋介石个人,建议提出"应迫使蒋介石下令停止内战,否则速予公审枪决,勿留后患"。而肩负协助张、杨妥善解决西安事变的中共代表团团长周恩来当天赶到肤施(延安),却延误了张学良派来接他的专机,只能等明天了。

12 月 17 日
星期四

　　西安事变在目前存在着两个可能的前途：一个前途可使中国更好，一个前途可使中国更坏。怎样会使中国更好呢？就是现在最有可能说服蒋介石，争取他停止内战，一致抗日，这样就会使中国更好。怎样使中国更坏呢？就是宣布蒋介石的罪状，交付人民公审，最后把他杀了，这样不但不能停止内战，还会引起更大的内战，不但不能抗日，还会给日本帝国主义以进一步灭亡中国的便利，那不是使中国更坏吗？！

　　——引自申伯纯《西安事变纪事》一书中周恩来

对西安事变前途的分析

蒋"手谕"何应钦停战三天，蒋鼎文携信息返南京
周恩来冒雪飞抵西安，周张会晤达成和解共识

当天，国民党的《中央日报》在头条位置报道了昨天国民党中央政治委员会做出的讨伐张、杨的决议，该条消息的大标题为"国府昨颁明令讨逆，何应钦膺讨逆总司令，于右任被推宣慰西北"。在同一版面上，《中央日报》发表了题为"讨逆——我们的十字军"的社评。社评用词慷慨激昂，调门颇高。社评开篇明义，称决议和讨伐令的颁布是"全国民意的战胜，全党党议的贯彻"，"足以给热血的人鼓励，足以给多数群众以安慰。全国的民众，对昨天的讨伐令应一致欢呼，应一致把各个人自己的心和血，贡献与政府，跟着这个讨伐令去表现，跟着这个讨伐令去救领袖救国家"。社评接着对张学良本人给予无情的鞭挞，称"西安的贼首张学良，他是绑匪，他是草寇，祖宗是马贼，子孙还是马贼。今天西安的一套把戏，是绑匪马贼的会串，什么行动，什

國府昨頒明令討逆
何應欽膺討逆總司令
于右任被推宣慰西北
叛軍攻擊華縣國軍發生戰事

《中央日报》刊登"国府昨颁明令讨逆"

么主义，全是贼心贼眼，匪寇的行径。我们始终没有承认张逆此次的叛变，含有什么政治意味甚至还有什么主义"。社评攻击持不同政见者说："凡是承认他有政治意味或主义，都是自己昏迷了神经，自己着了什么魔道。"社评最后说："讨伐西安叛逆，是中国复兴史上的重要的关头，此次平乱定难，是神圣的战争。从讨逆军总司令以至士兵，都是神圣的战士，一滴血，一滴汗，全体国民多拜倒。这是中国近代史上的十字军，十字军里面的个个战士，真光荣，真幸福，救领袖，救国家，责任神圣，声名壮烈。"社评的最后一句话是："四万万人永远对你们讴歌欢呼，看你们杀贼，候你们凯旋！"

南京国民政府继昨天任命何应钦为讨逆军总司令后，当天又任命刘峙为讨逆军东路集团军总司令，顾祝同为讨逆军西路集团军总司令，并责令三人于当日在京及在防地"敬谨就职"。

此时国民党中央军已占领潼关，夺取华县，用四十六军军长樊崧甫的话说"15 日起，中央军队如潮般涌上来，云集潼关"。同时中央军的空军接连轰炸了渭南、富平、三原县城等地。当天富平县民众致电杨虎城，反映富县被空袭事。电报称："今午十一时许，有中央飞机数架，飞来富平，在天空环绕数周，投弹五颗，炸伤居民数人，全县秩序大乱，民心惊悉，怨愤填膺。"对于国民党中央军的进犯，张、杨的部队，一方面做积极的应战准备，同时也不断派人与中央军前线总指挥樊崧甫接洽、交涉，以期和平磋商解决。根据樊崧甫的回忆录记载，当天以西安名流李仪祉为首的和平请愿团 12 人来潼关请愿，"他们要求我和平解决，停止进攻。"樊崧甫认为这是张、杨的缓兵之计，决定急攻。而就在这关键时刻，蒋鼎文执蒋介石给何应钦的停战亲笔信出现了。根据蒋介石当天的日记记载："午前，张又约百里先生来见，谓：'张意即请照委员长之意致函中央，令军事当局在 3 日内停止进攻，并请派蒋铭三携函飞洛阳。'余可之。旋铭三来见，余乃亲函敬之，嘱暂停轰炸三日，至星期六日为限，付铭三携去。午后，张又来见曰：'此事甚多转

折。现在不问如何，先派铭三飞洛阳通信，余事再议。顷已送铭三上飞机赴洛矣。'余乃知前方进攻必甚急。而谓张'余事再议'一语，则知其又为日后延缓迁宕之伏笔，然亦听之而已。"

蒋介石给何应钦的停战令全文为：

> 敬之吾兄：闻昨日空军在渭南轰炸，望即令停止。以近情观察，中于本星期六日前可以回来，故星期六日以前万不可冲突并即停止轰炸为要。顺颂戎祉。

此消息很快被国民党驻洛办事处获息，当天办事处主管赖琏致电国民党中央党部叶秘书长、陈果夫委员第二号密电中就提到"委座知昨日前线发生冲突，主张立即停止，已派蒋鼎文来洛，下午可到"。密电还提到，"今晨，空军遵命停止轰炸，仅往

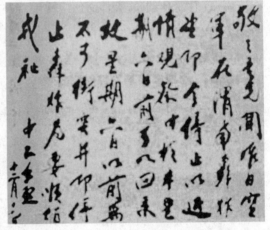

蒋介石给何应钦的停战"手谕"

各地侦察。张又有电欢迎宋子文、顾祝同飞陕面洽，形势似已转佳"。在接下来的第五号密电中则证实，"鼎文自陕来洛，明早飞京请示。据谈如问题迎刃而解，而委座五日内可出险，甚望各方镇静，停止谩骂文电，委座表示中国不应再有无意识之内战"。密电还提到，"又据确报，西安并无红旗及重要共党，但秩序混乱，抢劫时闻"。

关于张学良欢迎宋子文、顾祝同来陕洽商一事，是昨天张学良发给在南京的顾祝同电报中提及的。当天中午时分，宋子文乘飞机由上海飞抵南京，下机后即赴孔祥熙官邸会商。根据宋子文的秘书陈康齐当天日

记记载："我们飞到南京。政府高官们多次开会，讨论宋博士前往西安的建议，有人赞成，有人反对。经过长时间讨论，最后他们决定，派宋博士去，并给前线发布命令，停战三天。南京市面上流传着许多谣言，据说，西安全城到处播满了红旗，张少帅已失去对军队的控制，等等。这些谣言令我们很不安，宋博士的许多朋友都前来劝他取消行程。陈凤辰向我建议，请求宋博士不要带我们两人前往西安。他认为，如果旅途危险，白白牺牲两条性命没有意义，但我不愿跟宋博士讲。"

当日下午离京赴陕的"赴陕宣慰使"于右任于行前致电张、杨，电文称："反对公等之声已盈天下。今者大错已铸，大难方殷。然大仁大勇之觉悟，亦在此时，我奉命入关，盼派人见我一详言也。"而于右任此电碰了张、杨一个闭门羹，当天张、杨即回电答复于右任："果先生以私人名义依抗日立场西来指示，极所欢迎。若系代表中央有所宣慰，则弟等谨代表西北军民请先生暂缓命驾，以免跋涉。"

于右任

分化张、杨是南京方面的一个策略，于右任赴陕就有说服杨这样一个意图，但杨虎城在这个问题上态度坚定没有动摇。而杨虎城的部下冯钦哉当天密电于右任，告之"事变前除虎城一人外，十七路官长概无一人与闻。且听虎城以国家民族为前提，渺无私见，始终不渝。除绝对负责保护委座安全外，纵至万不得已时，宁愿牺牲个人，将委座拥护到底。绝不会有丝毫危险"。冯钦哉对于右任赴陕宣慰表示企盼，冯钦哉当天也将同一内容的密电发给孔祥熙。

而孔祥熙也于当天再次致电张学良，劝其尽快放蒋，口气较前更

加严厉。孔祥熙的这封电报是这样对张学良说的："陕变起后，全国各地公私法团、全军袍泽，无不愤慨。昨日全国报界宣言，尤足表示各地舆情。尊论要求一致云云，可谓适得其反，且欧美各国舆论，无不一致斥责，英文《泰晤士报》，想兄处当经阅悉。目前苏俄舆论，亦称陕变以反日运动为投机，实际为敌作伥。可见无论中外，对兄此举，皆持反对。至言抗日，则陕变适足以摇动绥边前线之军心。统帅既被劫持，而徒空言抗战，天下宁有此理！兄等任何意见，中央采纳与否，必先集议讨论，然后始可决定。介公个人，并非中央全体，最好兄能伴同介公回京，或至太原，共同计议。且自事变发生以来，弟因与兄素日交好，相知最深，以为此事动机，或出于一时冲动，稍假时日，兄必幡然憬悟。不意函电信使，至再至三，而反有集中军队，准备攻豫情事，几至令人无词以对。盖劫持领袖愈久，吾兄所负责任愈重，且激起民愤愈深。兄纵不为本身计，宁独不为国家民族计，不为子孙计耶？国家民族之存亡，系于兄之一念。悬崖勒马，及此不迟。谊若弟昆，再进忠告，专复布意，愿闻明教。"

作为放蒋第二方案，先送蒋介石到山西太原一事，阎锡山当然乐得其成。当天晚上阎锡山连发两电给孔祥熙，一封电报说张学良派人来到太原，电报说："顷汉卿派人乘机来晋，面称近来每日三次跪求介公采纳其主张，如蒙允准，彼情愿随介公赴京请罪；一面先集合所部，切实告以如中央认彼应受国法，不准有一人抗命。倘不蒙采纳，彼当率同所部，与介公一同牺牲于抗日阵线。嘱此间派员赴陕看视介公起居实况，当告以如此间人员到陕后，许与介公单独谈话，方可照派。"而阎的第二封电报称："兹决定派次陇（赵戴文）、次宸（徐永昌）明日乘机前往西安，亲谒介公请示"。

当天夜里，张、杨在给南京军委会程潜、唐生智、朱德培等人的复电中，再次阐述了发动西安事变的缘由，对指责他们"背叛""容共"做了这样的辩解：

弟等既不忍见介公之自弃令名，尤不忍见国家之地致覆灭，万不得已，始有文日之举。震惊止在一时，功罪待诸定论。总之，弟等爱国家爱介公出于至诚，可质天日，尊电论为背叛，非所敢承。至于容共之论，弟等以为无论何党何派，苟能真具抗日决心，即可共赴疆场。长此剿彼御此，徒损对外武力，此理甚显，何言受人之愚？弟等此举，任何方面皆为对事而非对人，尤确信其节极端纯洁，只求主张贯彻，绝不稍为身谋。如介公果即积极领导全国实行抗日，则弟等束身归罪，誓所不辞，介公在此，敬奉安全，尽请释虑。至先护介离陕，在抗日主张及行动未实现以前，尚难办到。

当天，张学良、杨虎城就组织抗日援绥军北上一事通电南京政府，电报全文如下：

南京，中央执行委员会、国民政府林主席钧鉴，暨各院部会勋鉴，各绥靖主任、各总司令、各省主席、各救国联合会、各机关、各法团、各学校均鉴：

日人嗾使匪伪侵扰绥疆，虽前锋迭报捷音，而后应仍不容稍缓。学良等爰在西安组织抗日援绥军第一军团，委孙蔚如为军团长，王以哲为副军团长，马占山为抗日援绥骑兵集团军总指挥，郭希鹏为第一军团骑兵指挥官，何宏远为第一军团炮兵指挥官，克日誓师北上，剪灭仇雠，光复失土，特电布达，诸希察鉴。张学良、杨虎城同叩。

当天《解放日报》用"抗日联军临时西北军事委员会组抗日援绥军第一军团"为题目，报道了此消息，同时用大版篇幅报道了昨天召开的西安市民大会的盛况。

当天，张学良就军事布防以抵抗国民党中央军进犯一事致电毛泽东、周恩来，张学良的电报全文如下：

日记西安事变——扭转乾坤的十四天

东、来兄：电均奉悉。联军以抗日救亡之目的现集结主力于渭南方面准备抗战，以一部于兰州、平凉、固原、西峰镇一带，对胡、毛等施行戒备。希贵军主力旨（驻）环县、豫旺以北地区，一部在肤施、甘泉附近。对胡、毛、曾、汤等，不使其联络并极力向北压迫，以掩护本军后方之安全，并盼饬陕南之陈先瑞向卢氏、灵宝一带出击扰敌之后方。现此间诸事顺利，一切恩来兄到后详谈。再，国际对西安一二·一二之革命有何批评，乞告。

毛泽东当天即回电张学良，认为"集力抗战甚妥"，但对单纯防御战略并不认可。他仍坚持两天前给彭德怀、任弼时电报中提到的"敌之要害不是宁夏或甘肃，而是河南与南京，我军应奉行大的战略迂回并击破敌头脑之南京政府"。毛泽东在给张学良的电报中进一步阐述了这一战略构想，毛在电报中说："弟认胡宗南、汤恩伯均不过一支队，各以一部箝制之可也，敌人要害在南京与京汉、陇海线，若以二三万人之战略迂回部队突击京汉、陇海取得决定胜利，则大局立起变化，此点祈考虑。"

在谈及共产国际对西安事变的态度，毛在电文说："我们对远方已作几个报告，尚无回报。兄令刘鼎将每日民众运动情形电告一次，若远方知此次事变及事变后之进展不是单纯军事行动，而是与民众联系的，估计当寄以同情。惟远方政府目前为应付外交，或尚不能公开赞助我们。"

毛泽东在电报的最后提及："恩来在肤施城外等候，请速饬肤施民团让出该城。如何？盼复。"毛泽东在电报中提到的"恩来在肤施城外等候"一事，根据随周恩来一行赴西安的机要秘书童小鹏的日记回忆，当周恩来一行抵达延安（即肤施）城时，城里有国民党的县长和民团驻守，不让红军进城。但也得知当天中午有一架从西安过来的飞机，降落在延安东部机场，说是来接中共代表团的，因未见到中共代表，不久就飞回西安了。

当天，中共代表团本打算绕过延安到甘泉，从甘泉东北军驻地乘车去西安，但张学良又派刘鼎乘他的专机来接周恩来一行。代表团遂派人与县长接洽，县长答应让中共代表团经南门到东门，涉水经过延水河到东郊机场乘机。但新的问题又出现了，飞机空间有限，除了两名驾驶员和刘鼎外，只能再坐九个人，经与驾驶员商量，行李舱内还可以躺两个人。童小鹏在日记中写道："经商量决定，让担任警卫工作的龙飞虎、杨加保两同志躺在行李舱内，周副主席、李克农、罗瑞卿、杜理卿（许建国）、张子华、陈有才、吴志坚、龙家桂和我九人坐在机舱内，其他的同志以后再去。"童小鹏说："这时已下午四时了，天在下雪，飞机在雪中飞行了一个小时到了西安机场，天已黄昏了。"根据当天的《西北文化日报》报道，童小鹏日记中提到的这场雪是昨天夜间开始下的，该报道形容，"大雪沛降，顷刻之间，深至数寸""人民极为欢欣"。

周恩来

童小鹏的日记还披露了一个细节，"周副主席在红军时一直是蓄着长胡须的，保安没有剃须刀，来不及剃就上了飞机，但到西安来是做统战工作的，要接触各方面人士，留上长须不方便"，于是就在七贤庄一号暂做休息时把胡须剃掉了。根据时任杨虎城十七路军绥靖公署交际处处长，事变期间作为张、杨新闻发言人的申伯纯回忆：代表团一到西安，张学良把他们安置在他的公馆住下以后，当晚即设宴欢迎，张学良和周恩来是延安会谈（当年4月9日）的熟人，那时周尚蓄有长须。这次周来到西安，把长须剪去了。张一见面，首先就问周："你的胡子怎么没有了？"周笑着说："刚刚剪掉。"张也笑着说："那样长，那样的美髯，剪掉可惜了。"宴后张、周即进行正式会谈。申伯纯在回忆录中将张、周会谈的要点概列如下：

日记西安事变——扭转乾坤的十四天

一、首先由张叙述蒋在被扣以后的表现、南京的动态和各方面的反应，然后张说，据他个人看，争取蒋抗日，现在最有可能。他的意见是，只要蒋答应停止内战，一致抗日，应该放蒋，并拥护他做全国抗日的领袖，以符合逼蒋抗日的方针，他问周的意见怎样和对事变如何看法。

二、周对张所谈的主张表示同意，并对西安事变的性质和处理方针的问题代表中共方面发表意见，大意如下：

第一，西安事变的性质问题。西安事变捉住蒋介石，是一件震动世界的大事，但是蒋介石的被捉既不同于俄国十月革命以后被擒的尼古拉，也不同于滑铁卢战役以后被擒的拿破仑，它既非革命（没有群众暴动），又非战胜（蒋的实力原封未动），而是趁着蒋介石住在这里，出其不意，乘其不备，用军事阴谋的手段把他捉起来。

第二，西安事变在目前存在着两个可能的前途。一个前途可使中国更好，一个前途可使中国更坏。怎样会使中国更好呢？就是现在最有可能说服蒋介石，争取他停止内战，一致抗日，这样就会使中国更好。怎样使中国更坏呢？就是宣布蒋介石的罪状，交付人民公审，最后把他杀了，这样不但不能停止内战，还会引起更大的内战，不但不能抗日，还会给日本帝国主义以进一步灭亡中国的便利，那不是使中国更坏吗？！

第三，处理的方针。我们当然要争取实现使中国走向更好的前途，同时要竭力避免使中国走向更坏的前途。争取实现使中国走向更好的前途，现在只能说服蒋介石，使他走停止内战、一致抗日这条路，只要他答应我们的这种要求，我们应当把他释放回去，并且拥护他作为全国抗日的领袖。

三、张听了周的这一段话，表示衷心悦服，因为他们的结论是一致的，但是周讲得更清楚、更完满、更有道理、更有说服力。当即决定了西安事变和平解决的处理方针，并由周在第二天再向杨虎城做详细的说明。张当时估计，认为杨也会同意这个方针的。

四、那时蒋鼎文已放走，持蒋信令何应钦停止进攻，宋子文一二日内可来西安谈判。和平解决的方针确定以后,张、周又讨论了具体的谈判条件,及军事应对措施。

五、张在与周的会谈也涉及苏联的态度。张学良说:本来,我们一直想取得同苏联的联系,希望苏联支持中国抗日,这个问题,你在肤施(延安)会面时也曾商讨过。但是,莫斯科电台连日来却骂我们是亲日派,斥责我们要求抗日的行动是"暴乱"、搞"投机"、搞分裂,弄得我进退失据,啼笑皆非,感到压力很大。苏联的态度,实非我们的意料所及。

当天夜里,周恩来即将与张学良会谈的内容发报毛泽东并中共中央。电报全文如下:

毛并中央:

(甲)我率罗(瑞卿)、杜(理卿)等九人今乘机抵西安,即与张面谈,并住张公馆。

(乙)张同意在内战阶段不可避免围攻西安前行最后手段。

(丙)刘峙已以五个师入潼关,围华县,逼渭南,如急进,应战无把握。张拟以杨部控西安,东北主力集渭水北备战,决战必须红军参加。

(丁)刘多荃、董英斌及和何国柱两师需一周内方能集中,沈克已开动,王以哲只三个师,留固原、平凉,拟压迫沈久成师离会静。十三师离咸阳经华阳趋汉中,十七路向西安潼关线集中。张意我以主力打胡一部,接肤、甘,准备胡北退后,我以主力出渭水北下游,侧击蒋敌。

(戊)我与张商定红军主力仍先开庆、环,便机动,胡退可继进,请至少以一军去肤、甘,便南下策应。

(己)蒋鼎文今早放出,持蒋信令停止内战,宋子文、于右任明日来,我们商定条件:

(一)立停内战,中央军全部开出潼关。

（二）下令全国援绥抗敌。

（三）宋子文负责成立南京过渡政府，肃清一切亲日派。

（四）成立抗日联军。

（五）释放政治犯，实现民主，武装群众，开救国会议，先在西安开筹备会。

（庚）为缓和蒋系进兵，使我集中分化南京内部，推广全国运动，在策略上答应保蒋安全是可以的，但声明如南京进兵挑起内战，则蒋安全无望。

（辛）东北军抗日情绪高，西北军杨亦有七八分把握。我明日见杨，冯动摇。张同意以西北三角团结成推动全国中坚，西北临时军委红军加入。余续告。

恩　来

十七日

中共代表团的到来给事变当局的保卫工作带来很大压力。为了确保中共代表在西安的正常活动和人身安全，杨虎城指示部下孔从洲："周恩来先生住在张先生那里，自然有东北军卫队营担任保卫工作，但那只限于东南角一块地方，整个西安的治安是由我们负责的。寿山虽兼公安局局长，但警察是马志超（西安市原公安局局长，在逃）一手训练的，今天不仅没有用，反而成了我们防范的对象。你是城防司令，指挥我们驻西安的部队，必须负起全城治安责任来，特别是对周恩来先生和代表团人员的安全要注意。"

西安事变发生后，美英政府虽然没有像苏联政府那样公开表态，表明与事变无关，并公开反对张、杨的行动，但也一直通过本国驻华大使密切关注事态的发展和寻求解决的方法。

美国驻华大使詹森当天在给本国政府国务卿的第 355 号电报中汇报："局势无变化，南京平静。昨日政府宣布，以军政部长何应钦为首进行讨

美国驻华大使詹森

伐张学良的行动。""端纳在西安，谈判正在进行。""张学良的代表艾尔德已于昨晚抵达，现同孔与宋子文密谈。"关于随端纳一起离陕的艾尔德抵京后向宋美龄详细反映西安情况一事，宋美龄在她的回忆录中有详尽的描述。当天詹森在之后的357号电中又报告了蒋鼎文获释，将携蒋介石的私人信件抵京的消息。这位美国大使认为："此地在处理事变的方法上存在着观点分歧：年轻的军人集团相信实力措施，然而包括孔和蒋介石夫人在内的元老派却赞成谈判。"

英国驻华大使休格森向英国外交大臣艾登透露的消息更多，他在当天给艾登的第237号电中说："昨天端纳回到洛阳时给蒋介石夫人打了电话，说他见到了蒋介石，蒋目前安全，精神也好；说张学良曾力图使蒋接受他的要求，但蒋介石拒绝讨论，据他称是属于中央政府下一个省的事情。

"今天外交部次长告诉我，政府已决定派遣由何应钦指挥的讨伐军，已不存在谈判与妥协了。他还说，苏联政府已表示他们与事变没有联系。在这种情况下，中国政府对采取军事行动有了信心。

"现在已经明确，蒋介石曾经决定从张学良那里褫夺去西北剿匪的指挥权，由他所信赖的属从之一、福建绥靖区长官蒋鼎文将军负责之，12月12日上午在西安宣布了任命蒋鼎文为西北剿匪部队的总司令。我认为，这足以解释张学良的谋反行动，蒋鼎文也在被张学良拘捕之列。"

休格森在反映情况的同时，在他给艾登的236号文件中还就解决当下的争端提出了一个建议，征求艾登的意见。他在电报中说："我得到下述建议：如果这里各大国的使节或者其中尽可能多的人，能为蒋介石

和考虑到目前事态继续下去中国政府局势的严重危险，向张学良表达强烈要求的话，也许会有所奏效，这些要求可由在这里的大使们以个人名义而不是代表政府提出。

"今日下午我完全以个人的名义向外交部副部长提起这一建议，而且表明我自己对此尚未做出决定，也未向我的同行们谈起此事。

"外交部副部长表示，这一方式或许会导致好的结果，这对于了解外部世界情况的张学良可能会有影响。

"至于我是否要采取进一步的行动，我将很高兴地得到您的意见和指示。"

而艾登当天就以急电的方式回复了休格森提出的建议，艾登在电报中表示："我正考虑在国会发表一项声明的可能性。同时，我还不知道西安局势的确切情况，当然也不知道任何可能已举行的谈判的情况。但是我想到会出现这样的情况，张学良可能被说服释放蒋介石，如果他本人的安全能得到保障的话。如果是这样的话，假使我们表示愿意尽我们的最大努力来保证他的安全，这对事态是否有帮助？以下的考虑也许是可行的：他乘飞机到天津或上海，在那儿我们也许能保护他，他也可以随时离开这个国家，您也许能在当地做出安排。您能不能从端纳那儿确定这样做是否有助于事件的解决？如果是这样的话，我将要求美国、日本、意大利和法国政府加入所提议的行动。如果您不能与端纳取得联系，您可以向中国政府发表任何您认为是合适的意见。"

而驻日大使徐世英也就日本方面最新的动态密电孔祥熙："昨日（十六日）外、陆、海各局长会议结果，对西安事件严重监视其演变，万一日侨生命财产有危险之虞时，决定采临机适当之措置。……三省意见，以此时对华经济机构，决有积极援助合作之必要……社大党昨声明，谓西安事变为中国之不幸，如由此惹起军阀对立之争，绝非如浅见者所称之可喜现象。倘中国由此而更采容共政策，则日本受害匪浅，日本应清算过去对华政策，对中国民族统一国家建设适当采援助之方针。"

12 月 18 日
星期五

　　陕变事起，曾于删日（15日）通电主张，集中全国所有力量，一致对外，以免另起纠纷。不图讨伐令忽然而下，值兹强邻压境，国家民族，危在旦夕，方谋解救之不暇，何忍再为萁豆之煎。况汉卿通电各多为国人所同情者，屡陈不纳，迫以兵谏，绝不宜以叛逆目之。而政府遽加讨伐，宁不顾国人责以勇于对内，怯于对外？况以国家所有军队，应用以保卫疆土，尤不应供私人图报复也。务望顾念大局，收回成命，国家民族，实利赖之！

　　——引自国民党元老李济深致国民政府要员电

停战三日令得以执行，潼关战事起而复泯
中共再次致电国民党，周恩来晓虎城解心结

被张学良杨虎城释放的蒋鼎文，于当天上午 11 时飞抵南京。国民党《中央日报》称："蒋下机后即刻赶赴孔代院长私邸休息，并谒见何部长报告一切。"蒋在接受国民党中央社记者时说，每每张学良去见蒋介石，要求蒋接受张的主张，总被蒋严词指斥。蒋介石对张说："汝既称我为委员长，则汝即系我之部下。汝今日对我只有两条路，如汝认我为汝之长官，则应立即送我先返洛阳，否则汝为叛逆，我即在汝叛逆手中，汝应立即杀我，此外无可再谈。"蒋称他携带蒋介石的两封亲笔信回京，分致何部长、蒋夫人。蒋介石让他告诉大家："余对国事所抱之主张，现在虽张学良等亦必明了，其余已详致何部长函内，依近情观察，余数日内当可回京。"

蒋鼎文

《中央日报》同时报道了军政部长何应钦在接到蒋鼎文转呈的蒋介石亲笔信后所表的态度，蒋介石的亲笔信全文也同时公布。何应钦说："奉到委座手函后，余当已分电前线，饬于十九日下午六时以前暂停轰炸，如张逆藉此希图缓兵，不于此期内送委座回京，

则本人自当严厉执行原定计划，彻底扫荡云。"蒋鼎文传递蒋介石要求停战三天的亲笔信一事，宋美龄是从端纳的电话中得知的。据宋美龄回忆录记载："得端纳来电，称委员长已遣蒋鼎文主任飞京，携其亲笔致军政部长函。不料政府中人闻讯，声称彼等不独不愿与西安作谈判，且亦不愿在委员长离陕前，接受任何命令。盖此书即出委员长手，又安能确证其为出于委员长之本意者，诸公竟测其领袖将屈服于劫持之下，宁不可异？余因直告之，并劝曰：'诸公与彼共事多年，竟未能了解其真性格至此耶！'"宋美龄还提到："二日后，蒋鼎文果来，彼等闻其面述委员长令，始服从无间言。蒋鼎文并恳切劝告，勿任南京、西安间之裂痕日见加深，谩骂之无线电广播及恶意之报纸论文，皆以中止为佳。同时其他方面阻止冲突之努力，亦在进行中。"当天，张学良亲自给军政部长兼讨逆总司令何应钦发去一封电报：

"南京。何部长敬之兄勋鉴。

筱秘电敬悉，至感关怀。惟委座南归，尚待商榷。在此时期，最好避免军事行动，弟部初未前进，而贵部已西入潼关，肆意轰炸，果谁动干戈耶？谁起内战耶？兄部如尽撤潼关以东，弟部自可停止移动。否则彼此军人，谁有不明此中关键也哉？弟张学良叩。"

当天，国民党《中央日报》以："西安叛部东进华县仍对峙中"为题报道说"华县附近中央军之一部，十六日突被张部一〇五师来攻，该部因孤立无援，未便深入，今尚固守华县附近原阵地，互相对峙中。"另一报道则说："西安至渭南间兵车往来频繁，陆续东开之兵力约不下一师。"

根据国民党中央军四十六军军长樊崧甫回忆，东路集团军各部进驻潼关后，桂永清的教导队表现最积极，桂曾率教导总队第一、第二团和特种部队从华县向赤水西岸的东北军开火，遭到东北军一〇五师、

一一二师迎头痛击，大败而归。

当天，《中央日报》在"龙云谈主张迅速戡乱"的标题下，刊登了龙云十四日通电全国文"请一致讨伐，并恳中央电令滇川黔军队，麾戈西向，以戡大乱"的消息，接下来刊登了中央社记者十五日对龙云采访的内容，龙云表示："应坚决主张中央明令讨伐，临之以大兵，若投鼠忌器，瞻顾徘徊，则内面纲纪废弛，威信扫地，外面国际地位隳落。"龙云是西安事变发生后，表态

龙云

较晚的一个地方实力派，事发之后一直观望，四处打探消息。当天，龙云回复何应钦的电报高调支持力伐张杨，电报称："中央现已派兵西向，鄙见以为既已用兵，当取优势。似以一次调动较之陆续调遣为愈"。而当天他在给广西李宗仁、四川刘湘、湖南何键的密电中，表示对张杨"一面出兵于华阴，一面就伪组织之正副委员长，而一面又释蒋铭三（即蒋鼎文）兄返京，并与京中要人私通电讯。远道观之，初以为彼等势出极端，继又似有转悔余地，实属令人不解"，"情态离奇，不可测度"。此时的龙云也认为单凭军事讨伐解决西安事件"尚觉简单，万一处置未尽适宜，于委座发生重大不测，则影响所及，不堪设想"。因

刘湘

此，龙云总结，"将来似惟有军事、政治双方并进，或有转圜之机。舍此而外，亦无其他极妙之法"。

当日刘湘致国民政府与各省军政当局，提出解决西安事变四项原则的通电，郑重表达和平解决之意。刘湘在通电中希望各省军政同人：

○ 团结一致，竭力拥护中央，以求国家之完整。

○ 团结力量，排除万难，在共同拥护之中央领导下，敢冒百死，以御外侮。

○ 以政治方法翊赞中枢，稳定全局，促成和平解决之办法，以保全御侮救国之实力，以求我国民族之生存。

○ 速谋有效之方，促劫持者之觉悟，恢复领袖之自由，俾得继续行使职权，以完成抗敌救亡之工作。

刘湘在这篇通电的最后说："以上所有拥护中枢、弭息内争，营救领袖各端，湘以为必须立谋具体之办法，以救目前之急。至国家今后对内对外原有办法，且宜继续，藉维具体确定，尤望中枢诸公、各省同人，共同商洽，迅行决定，专电布达，伫候明教。"

而当天，国民党元老李济深就请求收回讨伐令致电国民政府与各地方当局：

急。南京林子超先生、冯焕章先生、于右任先生……武昌何雪竹先生……诸先生勋鉴：

（衔略）陕变事起，曾于删日通电主张，集中全国所有力量，一致对外，以免另起纠纷。不图讨伐令忽然而下，值兹强邻压境，国家民族，危在旦夕，方谋解救之不暇，何忍再为其豆之煎。况汉卿通电各多为国人所同情者，屡陈不纳，迫以兵谏，绝不宜以叛逆目之。而政府遽加讨伐，宁不顾国人责以勇于对内，怯于对外？况以国家所有军队，应用以保卫疆土，尤不应供私人图报复也。务

望顾念大局，收回成命，国家民族，实利赖之！事关存亡，直言无隐。临电不胜迫切之至。务祈以国为重，一致主张，督促政府，以挽危局，切祷。

作为国民政府赴陕宣慰使的于右任昨天离开南京，当天下午三时抵达洛阳，用《中央日报》的话形容"值大风雪，专车仍冒雪西进"。但于右任的身份让张杨不能接受，昨天，张杨已联名婉拒于右任赴陕之行。当天，杨虎城以个人名义单独致电于右任，再次婉拒。杨虎城在电报中说："城追随先生多年，服膺信仰，始终如一，唯据昨晚中央广播消息，先生此次西来，系负宣慰使命而来，致此间同人满怀热望尽为'宣慰'二字而消失。尚希将宣慰之命辞去，以私人名义前来指导，决当竭诚欢迎。至城前所谓中央政策，系指为国为民之中央政策，非目下之退让屈辱亡国灭种政策也。至奉先生速将宣慰使设法辞却，以释群疑，无任盼祷。杨虎城叩。"

当天，杨虎城还发电给冯钦哉，告诉冯，于右任"此次系中央命令来陕宣慰，吾人对此绝对不能接受。昨已与张副司令联电挡驾，请兄不必去潼（关）"。杨虎城在电报中还告诉冯："刻宋子文、赵次陇（赵戴文）、徐次寰（徐永昌）均将来此，依正当途径商改组政府事宜。本日两广、福建均来电响应。冀鲁亦电中央反对武力解决"。

当天，作为阎锡山代表的赵戴文、徐永昌一行来到西安，他们想以仲裁人的身份，要求单独会见蒋介石，并一再声称这是阎锡山的意见，此无理的要求遭到了张、杨的拒绝。

继昨天夜里，周恩来给毛泽东并中共中央发去来到西安后的第一封电报后，当天上午9时，周恩来将事变发生之后，国民党南京政府及有关各地方实力派之现状再次电报毛泽东并中共中央，周在这封电报中写道：

（一）南京亲日派目的在造成内战，不在救蒋，宋美龄函蒋"宁抗日勿死敌手"（指何〔应钦〕、汪〔精卫〕），孔祥熙企图调和，宋子文以停战为条件来西安，汪将回国。

（二）晋阎（锡山）向张提议，将蒋送山西，冯（玉祥）亦企图利用此事变。

（三）鲁韩（复榘）认南京现在办法不能解决西安问题，宋哲元、刘湘尚无表示。

（四）李（宗仁）白（崇禧）表示张之出此乃逼不得已，余（汉谋）、何（键）企图骗钱，表示拥护中央。

谈到被扣的蒋介石，周恩来说，蒋的态度较之一周前已有所软化，电报第五条即此内容：

（五）蒋态度开始表示强硬，现亦转取调和，企图求得恢复自由，对张有以西北问题、对红军求降求合完全交张处理之表示。

据有关材料披露，18 日张学良与蒋介石谈话时，蒋介石说西安事变使他人格受到的极大的损失，从此他无颜在人前说话，即使说了话，谁也不会听。张听了蒋的一番诉说，再三表示要维护蒋介石的领袖地位，张明确对蒋说："我是个军人，说一不二，只要你真心抗战打日本，您回南京，怎么处置我都行。"蒋介石表示决不会加害张学良。张听了蒋的承诺，激动地说道："为了使你的声望更高，权力更大，为了抗日收复失地，我宁愿学廉颇负荆请罪，在天下人面前表达你我之间的清白与伟大。让天下人知道，我张学良这次兵谏纯粹是为了抗日，绝无个人企图，让天下人看看，你回南京就发令抗日，不愧是中国的贤明领袖！为了表明我的诚意，我可以陪你到南京，我说到做到。"

在谈到对共产党和红军的看法时，张学良坦诚地对蒋介石说："有一点您可能现在还不清楚，东北军兄弟们同红军打了几个月之后，不但没有弄清您'剿共'的目的，相反倒认识了您所谓的'共匪'是一支爱国、抗日的队伍。尤其是去年 10~11 月间，我们在西北吃了几个大败仗，损失了两个半师的兵力。被红军俘虏的弟兄们，经过红军的'抗日教育'又被释放回来，他们说'红军的抗日教育是十多万东北兄弟喜欢听的'。

您就不要问了，总之，红军的话极为简单，没有什么四书五经诸子百家，只是一句话，'中国人不打中国人！爱国军人打日本鬼子去！'"

张学良继续对蒋说："您说过，对共产党的看法改变了，可人家说什么话，您都听不进去，这怎么成？拿我来说吧，学良是同情共产党的抗日主张的。近年来，我曾和来西安找我的大学生说：'凡是抗日的学生，无论政治信仰如何，我都欢迎来西安工作。'您知道，各地政府是不允许抗日宣传的，而在陕西，抗日宣传却得到了鼓励和保护。您如果怀疑这是共产党教我这样做的，那就大错而特错了。说实话，共产党的抗日是全国的，他们是为了国家和民族，他们不仅是这么说的，而且是这么做的。而张学良的抗日，只不过是为收复东北，以雪个人之耻。事实表明，共产党不是东北军的敌人，是东北军的友军。"

而蒋介石的日记没有提及张学良向他说的这一番话，只是写道："事变迄今已一星期，安危生死，所志已决，此心更觉泰然"，但他提到："是晚张来言'今日接京电，子文墨三（顾祝同）皆将来西安。'前闻端纳在洛与京中通电话，有子文等将来陕之说，想系张所电约也。张又言：'墨三来电，如张、杨二人中有一人能约地与之相晤，则墨三愿出任疏解说明之责'，并谓，'我已复电墨三，言委员长盼尔来甚切'。余闻此言，始觉安心，知墨三必不被欺来陕矣。如墨三再来西安，则中央高级将领又续来一人，岂不将全陷危城，一网打尽乎？张又言'铭三（蒋鼎文）至京，尚无来电'，状似焦急。余知京中必有决定，甚盼中央追讨部队能早到西安也。"

周恩来昨天晚上与张学良交换意见，就和平解决西安事变达成共识后，于当天下午由张文彬（红军驻杨虎城部的代表）陪同下前往九府街杨公馆同杨虎城会谈，根据申伯纯的回忆录记载："周向杨说明昨日夜间与张（学良）谈话的经过和主要内容，并阐述中共中央对西安事变的看法，对发展前途的估计和和平解放的方针。"

申伯纯说："杨听了周的谈话，感到惊异，因为照杨原来估计，共产党与蒋介石有血海深仇，现在蒋既被捉，中共一定会借机报复的。同时，近一年来他所接触的中共党员王世英、汪锋、王炳南等，他们所讲的都是'反蒋抗日'，从来没有讲过'逼蒋抗日'或'联蒋抗日'，张文彬虽曾向他简单讲过这个问题，可是他当时因为没有这种思想准备，所以并未注意到这是中共政策方针的转变。现在周的这番谈话，特别是周所提出的关于和平解决的方针，是完全出乎他的意料之外的，因而内心自然不免产生惊疑和顾虑。他首先向周表示态度说，他这次追随张发动西安事变，完成以张的意旨为意旨，现在更愿意倾听和尊重中共方面的意见，只要张和中共方面意见一致，他是无不乐从的。接着他向周说出了他自己的看法，他认为中共方面完全从国家民族利益出发，置党派历史的恩怨于不顾，这是令人极端佩服的！但蒋介石将来是否能抗日，是否不对发动西安事变的人施行报复，他不能不感到怀疑，不能不有所顾虑。"

根据申伯纯记载："周对杨所谈的这种怀疑和顾虑表示同情，并做了解释，大意是说：现在不但全国人民用极大的压力压迫蒋介石抗日，就是国际上也有很大的力量争取他抗日。英美等国是从自身利益和他们与日本的矛盾出发，极力怂恿蒋抗日；而苏联为了抵制法西斯的反动力量，也努力争取蒋介石抗日。蒋现在除了抗日这条大路以外，其他的路都走不通了，因此，蒋介石的抗日可能性是存在的。特别是现在，蒋是抗日则生，不抗日则死，他的抗日可能性更增大了。至于蒋将来是否报复的问题，这并不完全决定于蒋，只要我们西北三方面团结一致，并进而团结全国人民和全国实力派，只要我们紧密团结和有强大力量，蒋介石想报复也报复不成。再则，这次如果没有把握，也不能轻易把他放走。"申伯纯还提到："周说到昨晚与张商谈的军事部署问题，杨表示完全同意。"

周恩来在与张、杨交换意见之后，即刻电告毛泽东并中共中央，周在电报中说：

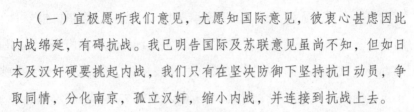
（一）宜极愿听我们意见，尤愿知国际意见，彼衷心甚虑因此内战绵延，有碍抗战。我已明告国际及苏联意见虽尚不知，但如日本及汉奸硬要挑起内战，我们只有在坚决防御下坚持抗日动员，争取同情，分化南京，孤立汉奸，缩小内战，并连接到抗战上去。

（二）杨认开火可团结内部，失利可放弃西安，以甘为后方，但对持久战无把握。杨知其部下不固，又不敢急切改造，现须多下功夫。

（三）国际有电来请即告我。

恩　来

十八日午

当天，中国共产党中央委员会致电国民党中央执行委员会，就和平解决西安事变提出五项处置意见。电报开篇明义，首先指出事变发生的根源在于蒋介石错误政策所致。电报说：

"蒋介石在此次被幽，完全是因为蒋氏不肯接受抗日主张，不肯放弃攘外必须安内的错误政策所致。本党致贵党建议书及许多通电曾舌敝唇焦，一再向贵党与蒋氏提议，联合各党各派一致抗日，奈蒋氏对于日寇的步步进攻，依然是一再退让，对于绥东阎、傅两将军的英勇抗战，仍然坐视不救，对于全国的抗日救亡运动，摧残不遗余力，调集大军进攻苏维埃与红军，最后并欲压迫提议抗日的东北军与十七路军，以继续扩大内战。此种举动诚为错误已极。"

接下来，电报明确说明用军事讨伐的形式解决不了当下的问题，"在此情形之下，贵党果欲援救蒋氏，则绝非调集大军讨伐张、杨不能奏效，实属显然。在日寇加紧侵略晋绥危急关头，此种扩大内战行动绝不能为爱国人民与爱国军人所见谅，即贵党明达之士，想亦不愿以蒋氏一人而致中华民族以万劫不复的病患。试看日寇自蒋氏被幽以来，尽其造谣挑拨之能事，以鼓动内战，甚阴毒计，昭然若揭。想贵党绝不致如此轻举妄动，中日寇之奸谋。退一步，即对于援救蒋氏个人，亦非武力所能解决。武力的讨伐，适足以杜塞双方和解的余地。"就此，电报表达中共方面解决事变的意见"为国家民族计，为蒋氏个人计，贵党必须毅然决然立刻实行下列处置"，即解决西安事变的五项方针。

（一）召集全国各党各派各界各军的抗日救国代表大会，决定对日抗战，组织国防政府、抗日联军；

（二）将讨伐张、杨与进攻红军的中央军，全部增援晋绥前线，承认红军、东北军及十七路军的抗日要求；

（三）停止一切内战，一致抗战；

（四）开放人民抗日救国运动，实行言论集会结社的民主权利，释放一切政治犯及上海爱国领袖；

（五）实现孙中山先生的三大政策。

电报在最后点出，蒋介石个人的安危取决于南京政府是否采纳这五条处置建议。

"本党相信，如贵党能实现上项全国人民的迫切要求，不但国家民族从此得救，即蒋氏的安全自由当亦不成问题，否则糜烂横政，民族生存与贵党生命均将为贵党错误的政策而断送干净也。时机紧迫，敢贡刍荛，尚希明察。"

周恩来到西安不足一天的时间，即与张学良、杨虎城两位西安事变的主谋人物进行了深入的交谈，并达成了和平解决西安事变的基本共识，并向中央做了及时的汇报。但周也发现在放蒋的问题上，张杨的态度并不完全一致，用申伯纯的话说"（张）希望从速解决事变"，而"杨虎城对释放蒋介石的确是有顾虑的"。申伯纯说，此时的杨虎城很苦恼，他一方面认同张、周的意见是正确的，但"如果照着他们的意见办，自己实在太危险。想来想去，心乱如麻，因此，曾向王炳南发过脾气"。机敏过人的周恩来当天与杨会谈时，就感觉到了这个问题，当即决定调杨虎城的老部下、中共地下党员南汉宸来西安协助杨虎城工作，杨表示完全同意。

另据宋黎回忆："一天，周恩来突然把我找去告诉我：此前，他收到陕北来的急电，保安电台近日连续收到一个叫作'雷电社'的电台，向国内外发布十几条消息，狂热地宣传西安事变。什么'西安城楼上红旗飘飘'，什么'群众运动轰轰烈烈，一片革命景象'。南京当局利用这些宣传，大造西安事变是共产党搞的阴谋的舆论，使我党很被动。中央要周恩来迅速查清，设法制止。"根据宋黎回忆录记载，通过绥署侍从室组长李直峰的帮助，该事情很快就弄清楚了。

宋黎说，事情的真相是："西安事变的当天，张学良命孙铭九要学兵队参加行动。一些最可靠的队员被派去参加临潼捉蒋，就是这几个队员在五间厅搜查蒋的时候，发现一部电台，他们谁也没有报告，悄悄地把电台带回东城门楼。他们自己动起手来又是写稿，又是发报，以'雷电社'的名义向外面连续播发消息。他们哪里知道自己干得越起劲，越是帮了倒忙。我知道后真是哭笑不得，心想这下可闯了大祸，周恩来岂能轻饶！

"可是出乎我的预料。周恩来得知真实情况后却平静地说：'青年人的动机是好的，要给他们讲清道理，讲清利害关系，赶快停止活动，他们幼稚，对革命想得太天真，是好心办了错事，这同坏人不一样，不要进行过多指责，改了就好。'"

而背叛张学良、向南京政府倒戈的东北军炮六旅旅长黄永安表现得很殷勤，根据当天国民党驻洛阳办事赖琏给中央党部第8号密电反映："连日与东北炮六旅长黄永安晤谈，甚为欢洽。黄表示：绝对拥护委座，服从中央，绝不随张犯上作乱。昨曾派机致函陕境张部师长请勿附逆，并望与华阴樊军长接洽。黄又表示希望中央：（一）速将西安包围，但勿袭击，则叛军必解体；（二）速以大批京、沪、平、津报纸航送陕西，散发各军，使其明了中央情形及全国舆论。第（二）点请嘱宣传部速办。黄氏深明大义，应请军部明令嘉奖，并望中央电瑔转致慰劳之意。"

　　而赖琏当天在他给中央党部的第十二号密电中提及："此间各方均望中央宣传，除申讨张逆一人外，应力避东北军字样，凡是刺激东北情感之文字，亦希取缔"。赖琏还汇报："已派二同志继续西进侦察，如属可能，当混入西安。昨闻日本人、汉奸多名来洛（阳）活动，已请祝司令严防"。

　　而国际上的斡旋仍在进行之中，当天美国驻意大利大使菲力浦斯在发给国务卿 536 号电报中称："昨日齐亚诺伯爵告诉我，基于他与张学良的长期友谊，他已向张发出了一封私函，要求他给蒋介石自由。他让我看了这封措辞友好而强烈的函件。他进而告诉我，在华的意大利大使已接到指示，要把同样的一个函件正式交给张学良。函中指出，与莫斯科的任何合作都会给张带来危险。"

　　而英国外交部在国际上继续斡旋在保证张学良安全条件下释放蒋介石的可能性。当天，美国代理国务卿穆尔就致电驻华大使詹森反映此事："今天下午英国大使馆参赞到国务院并留下一份备忘录。英国政府认为，如果张学良能确信他个人的安全，他可能被说服释放蒋介石；例如，可将张用飞机送到上海或天津，他能从那里离开中国。为此，可能在当地做出安排，英国政府探询美国政府是否将予以合作。此外，英国政府正向日本、法国和意大利政府提出此事。这份备忘录的结束部分称，英国政府之所以打算出面斡旋，是希望他们能帮助各方面达成协议，他们不打算介入可能进行的任何谈判。"

12月19日
星期六

　　他（蒋介石）在这里受人尊敬，没有什么不方便的地方，而且有端纳先生陪他住在一座新式房子里，没有谁去搅扰他。当他回京的时候，我准备跟他回去，站在国人面前受冷静的公平的审判。如果他们听了我述说的事实以后，认为我的举动谬误而责罚我，则我愿意承受任何责罚，甚至死刑。

　　　　——引自张学良当日发给《泰晤士报》
　　　　驻上海记者佛拉塞的电文稿

宋子文启程飞赴西安，南京再次推迟战期
中共提出和解四建议，张杨与中共立场一致

　　今天是蒋介石"手谕"何应钦三天休战期的最后一天，截止时间是晚六点。当天国民党驻洛阳办事处给各方的汇报密电多用"委座安全，前线平静，军事布置完备，前途荆棘尚多，未可乐观"，来描述即日的情形。蒋介石也没有忘记今天是什么日子，他在当天的日记中有这样一段记载："今天为星期六日，三日停攻之约期已满，张等并无送余回京之表示，余亦不做回京之希望，盖明知日前彼辈之约不可恃也。是晚，张又来言'子文，墨三尚未有来陕确期，唯铭三已来电，称彼到京报告后情形颇佳'。余知此'情形颇佳'四字之意义，断非如张之所揣测者也。张又言'现在此事亟待速了，前所要求之条件，最好请委员长加以考虑，择其可行者先允实行几条。俾易于解决'。并言：'现在已无须八条，只留四条矣。'余问：'所删者为何四条？'彼答言：'后四条皆可不谈矣。'余告曰：'余不回京，任何一条皆不能实行，亦无从讨论，不问为八条四条也。'"按蒋介石的说法，张学良要保留的前四条，即：一、改组南京政府，容纳各个党各派共同负责救国。二、停止一切内战。三、立即释放上海被捕之爱国领袖。四、释放全国一切政治犯。

　　当天《西北文化日报》以"坚决主张改组南京政府"为题，披露了西北各救亡团体联席会议讨论的现政府应该去留人员的名单。"改组南京政府，容纳各党各派共同负责救国"是八项主张之首，声明认为，改组南京政府"我们认为这项是十分切要的"，声明反问："谁能承认南京

政府是开明的，谁能承认南京政府不是日本帝国主义的奴隶政权，更谁能承认蒋委员长不是被亲日分子包围着呢，这样的政府，我们是坚决主张改组的。"名单体现了清除亲日派容纳各党各派共同负责救国的原则，坚决主张罢免的高官首当其冲是军政部长、讨逆军总司令何应钦，接下来还有张群（外交部部长）、张嘉璈（铁道部部长）、吴铁城（上海市市长）、吴鼎昌（实业部部长）、熊式辉（中央执委、江西省主席）、刘镇华（安徽省主席）等 7 人。

声明说："至于我们所希望的参加救国大计或组织政府的，是在朝在野的抗日分子。"这份名单有：马相伯、阎锡山、宋庆龄、宋子文、孙科、李济深、冯玉祥、毛泽东、陈铭枢、马叙伦、陈友仁、蔡廷锴、何香凝、李烈钧、朱庆澜、程潜、唐生智、于右任、李石曾、张伯苓、胡愈之、沈钧儒、邹韬奋、章乃器、白崇禧、蔡元培、张发奎、朱培德、丁惟汾、陈果夫、陈立夫、陈诚、曾扩情、康泽、刘建群 35 人，大名鼎鼎的共产党领导人、南京政府称之为"共党匪首"毛泽东的名字也名列其中。

根据当时仍被在押的陈诚回忆，12 月 15 日及当日，张学良都向他谈及改组南京政府的人事问题。当天张与他交谈的内容，陈是这样描述的："12 月 19 日，张告余与一民（朱绍良），谓彼等斟酌情况，已将八项主张删去数项，并称委座业已表示可以酌量接受其主张云云，余等均不之信。随后张自述其改组南京政府之意见，首谓孔庸之（祥熙）是不能要的，何敬之一定要去掉，并称中国现在诸人中阎先生（阎锡

陈诚

山）可以说有脑筋无肩膀，我自己可以说有肩膀无脑筋，何敬之既无脑筋又无肩膀，这种人根本不能用。此外，还有我的贵本家岳军（张群）同好朋友铁城两人，尤其非去不可。其他如吴鼎昌、张公权（嘉璈）、熊天翼（式辉）、刘雪亚（镇华）等，都是日本的走狗，也请他滚蛋。最后并指余曰，新组织的抗日政府中，有你一员。余即诘张，你不要开玩笑！你把委座同我们羁留在此地，为的是说我们不抗日，为什么新组织的抗日政府中，又将有我一员呢？要知道抗日与不抗日之分，全在有无诚意与事实，不是单凭口说的，不然，只有自相矛盾，心劳日拙而已。"

张学良把陈诚也列入新政府人选之中，可见张对陈的印象还是不坏的。从陈的回忆录中也可以看出，两人虽然意见相左，政见冲突，但张几乎每天都和陈过话，并致电陈诚的夫人告之平安，二人言语之中，还不乏有幽默之处。根据陈诚的回忆录，前天（17日），张提供赌具（估计是麻将牌）供大家消遣，临走前，张对陈说："辞修（陈诚），你不要学坏了呢。"陈回应说："余即学坏，也坏不到哪里去，因念彼名学良，而并不见其良，故不觉重有感也。"

而三天休战期的最后一天对各方都不轻松，国民党《中央日报》一方面宣扬"蒋委员长亲函何应钦有于今日可返京说"，同时披露何应钦答记者谈话声称，张学良不兑现承诺，不如期（即今日）送蒋回京，"则本人自当严厉执行原定计划，彻底扫荡"。当天的《中央日报》还发表各行各业特别是军界支持对张、杨进行军事讨伐的声明，如"全国声讨张学良背党背国罪在不赦""全

宋子文

国各将领拥护何总司令讨逆""汤恩伯胡宗南等电张作最后箴告"，当天被封为讨逆军东路集团军总司令的刘峙也发电给张学良进最后忠言。而根据中央军四十六军军长樊崧甫回忆录，当天讨逆军前敌总指挥徐庭瑶赶到潼关，樊亲自到车站迎接，中央军各部跃跃欲试。

而宋子文赴西安会晤张学良一事，也是一波三折，当天还有"故事"。根据宋美龄回忆录记载："委员长被禁后一星期，12 月 19 日（星期六），余电告端纳，子文决入陕；后因阻力横生，余又去电取消前讯。一小时后，再电告其最后成行。盖子文力排群议，最后请以私人资格前往。我等主张：政府虽不能与叛变者直接谈判以自贬威信，亦应准许我等做劝导叛变者之工作。故子文行后，政府令各报登载，充分说明子文此行，纯为私人资格之意义。"

根据宋子文的秘书陈康齐日记，宋子文一行是当天下午 2 点 30 分分乘两架飞机离开南京飞往洛阳，下午 5 点到达洛阳。陈康齐说："我们在军校内过夜。天非常寒冷，宋博士接了几个南京来的电话，南京方面力劝，如果此行过于凶险，他就不要前往。"

当天，张学良给已在南京的蒋鼎文、代理行政院长孔祥熙、外交部长张群分别复电，均表达了"抗日主张如不能实现，难送委座返京"的坚决态度，他在给蒋鼎文的电报说的最为详尽。

此间要求，惟在抗日，委座已表示容纳。此种情形，兄已彻底明瞭，请兄返京，确是诚心诚意，力谋解决此事。若大家能仰体委座之意，为国家着想，使抗日实现，则国际地位立时提高，委座得享千秋万世之令名，岂不善哉！文日之举，纯为爱国家，爱介公，绝无金钱欲望，但求国家不亡，绝不顾任何牺牲。此情兄已尽知，想到京以后，应不至因众口呶呶遂不尽言。总之，抗日主张如不能实现，难送委座返京。南京同人如能平一时之忿气，为整个事体打算，则一切一切，【不】难办【到】。否则，不顾大局，必欲用武力

以对内，须知弟等发动此种惊人大事，岂能视同儿戏！一条生命，早已置诸度外。为自卫计，为保存抗日力量计，绝不惮起与周旋。谁造内乱，谁误国家，自有天下后世之公论也。弟部并未前进，而中央军已闯入潼关，是中央早已敌视此间，不惜国家与民命。中央既已不惜，弟等虽惜，亦复何用！国家安危，系于一念。请兄转达南京党政诸公，共审虑之！如尚欲求解决，仍请子文、墨三两兄即来此间，极为欢迎。否则只好各行其是，咎不在我矣！

而张学良在当日晚 22 点时分给孔祥熙的复电明确要求南京政府派人到西安来商洽，才是解决问题的正确途径。

"铭三兄到京，想已悉此间真况。中央同人果爱国、爱介公，自当推人来陕商洽。抗日实现以外，别无所求，更无金钱与地盘思想，区区志愿，蕴之已久，绝非一时冲动。中央对弟主张如无办法，势难送介公返京。弟之部队，初未前进，而中央军进入潼关，占据华阴一带，反诬此间准备攻豫，抑何颠倒事实之甚耶？如中央必欲造成内战，弟等亦惟有起而自卫，谁负起责，自有公论也。"

给孔祥熙发去电报一个时辰之后，张学良给南京政府的外交部长张群又发去一电，再次表达"非至抗日主张实现，殊难送委座南归"的强硬态度。电报说：

"弟之坦率，兄应早知。文电既已揭橥八项主张，则八项以外，自无余事，口是心非，弟不为也。进一步言之，目的惟在积极抗日，八项主张，不过发动抗日必备之条件，果能立时发动全国抗日，则一切自不成问题。弟既发动此举，一切牺牲，尚何所惜！非至抗日主张实现，殊难送委座南归。闻中枢诸公多为私人意气之争，危言耸听，有意内战，此匪特与弟主张背道而驰，且置国运及公于不顾，甚非所敢闻也。掬诚奉复，并请将此意酌向中枢诸公说明为盼。"

张学良这天还给英国《泰晤士报》驻上海记者弗拉塞发去一电稿，

在这篇电稿中，张首先向全世界澄清他发动西安事变的动机和他对蒋介石的态度，电文写道：

> 《泰晤士报》用以谴责我扣留委员长的谩骂的然而不正确的评论，已经拜读过了。我知道世界各地将涌起同样的谴责，因为大家不了解当时逼迫我扣留委员长的处境，不了解我此种举动的真实原因。我未曾替用武力扣留别人者辩护过，更不能为扣留身居高位的委员长的举动辩护。我因此深觉抱歉，因为当时特殊处境强迫我做出这样的事。
>
> 事实并不是如《泰晤士报》所攻击的一样，我没有"个人的野心"，没有"争取较好条件的希望"，迫使我扣留委员长的，不是任何私人的动机。这事情的动机很简单，就是要我们的政府明确地改正现行的国策，实行武装保卫我们的国家，断然停止在不断的内战中千百万中国金钱、中国人命和中国财产的耗费，停止围剿所谓"赤匪"，他们虽然见解不同，但到底是中国人，他们至少不会像日本人一样危害我们的国家。……我们已受尽国人的责备，我没有逃避责任，但我不是中央政府，我没有力量发动全国的抗战……但我们渴望中国军队抵抗侵略的敌人，不要攻击中国的民众。国军迄未移动一步去实行抗日，但它为要进攻我的动员却像飞风一般的快，当敌人正在我们国境内的时候……我们切望着委员长的领导，我们无论如何不愿意他的权力被人剥夺……我们不得已突然扣留了他，但没有威胁他的生命，没有损伤他的地位，他在我们心中依然是委员长……

至于蒋介石被扣押至今，张学良解释：

> 他所以未恢复自由，这不能责怪我们。我在星期一的晚上电请南京政府派员听取委员长的意见，跟他商讨阻止内战爆发的必要措

置。……委员长跟我们一样一直等待着京方能派员来此处理这件事情，使委员长能够回京复职，但还没有等到。这事情竟迁延得这么久，实在奇怪得很。如果有人来到这里，则委员长早已回到南京了。

然而，他还在等待着，他在这里受人尊敬，没有什么不方便的地方，而且有端纳先生陪他住在一座新式房子里，没有谁去搅扰他。当他回京的时候，我准备跟他回去，站在国人面前受冷静的公平的审判。如果他们听了我述说的事实以后，认为我的举动谬误而责罚我，则我愿意承受任何责罚，甚至死刑。

张学良在这篇电稿的最后提到他要亲自送蒋回南京，而张学良说这样的话已不是第一次。当天贺国光在给龙云的一封电报中就提及张学良派其秘书李金洲于十七日赴山西见阎锡山时，陈述过三点意见，其中第二条即"苟利于国，决不惜牺牲一切，随同委座赴京，听候国人之处分"。而在更早的事变当天内（即12月12日）张曾向被扣押的万耀煌军长表示："只要蒋介石接受西安八项主张的一部分，他就陪蒋介石回南京。"而端纳也于第一次来陕见到蒋介石后于12月15日在洛阳给宋美龄的电话中转告宋说："张学良决心随蒋委员长进京。"

当天，刘湘提出解决西安事变的三点主张致电张学良并告南京何应钦、孔祥熙、顾祝同。刘湘在电报中说：

现值千钧一发时，尚可作亡羊补牢之计。敢贡鄙忱，务望采纳：（一）内战必致亡国，无待赘言，必须避免军事接触，速求政治解决，庶能保全国脉于万一。弟对中央诸公及各省军政同人，亦贡此辞。（二）羁留介公，无论出于任何爱国举动，对于国际国内之印象过劣，即对于国家前途之危险太大。介公久留西安，更足促成内战，加速覆亡，务请立即恢复介公自由。（三）国家民族安危，在吾兄一念之转移。吾人为国，一切均可牺牲，更无固执成见之理。

当天，周恩来在西京招待所接见在西安的中共地下党负责人宋黎、谢华、徐彬如等人，据宋黎回忆，接见地点是在招待所二楼的一个房间。

"几句家常话之后，周恩来把话转入正题，'今天请地下党的同志来，一是听听党的工作情况，二是听听蒋介石被捉后，党员同志和群众有些什么反应。'我和谢华汇报完之后，我又抑制不住兴奋的心情，诉说群众一致要求公审蒋介石，'蒋介石杀得共产党血流成河，恶贯满盈，现在捉住他，是他该死了！'周恩来听罢仰头爽朗地大笑起来，温和的目光投向我：'杀蒋并不难，只要一粒子弹就可使大家满意。'周恩来慢慢地收锁起笑容，'十年内战，蒋的双手沾满了我们同志和人民的鲜血，同志们要杀掉他的心情是可以理解的，问题是在当前，日寇加紧灭亡中国，民族矛盾已升为主要矛盾的形势下，是杀掉蒋，还是留下蒋，要他停止内战转向抗日，这两者哪个对国对民更有利？'"

宋黎说："周恩来一开口，就把对蒋介石的处置，提到国家民族利益的高度来审视，抛开一党的恩怨，显示出伟大无产阶级革命家的气魄，使我的视野豁然开阔。只听周恩来继续说道：'对蒋介石的不同处置方法可以导致西安事变两种截然不同的前途：如果说服蒋介石停止内战一致抗日，就可使中国免于被日寇灭亡争取一个好的前途；如果杀掉蒋，不仅不能停止内战，而且还会给日寇造成灭亡中国的便利条件，使中国的前途更坏。因为蒋的被扣，不同于在滑铁卢战败的拿破仑，也不同于十月革命被推翻的尼古拉二世。蒋只是个人被扣，他的实力并没有损伤。'真是'听君一席话，胜读十年书'。周恩来对时局的透彻分析和谆谆教诲使我们深感杀掉蒋介石的想法是多么幼稚！"

最后，周恩来指示道："动员说服各阶层群众接受我党和平解决西安事变的主张，是我们的战略任务，希望地下党的同志们全力以赴！"

作为张学良卫队营营长的孙铭九负责保卫中共代表团和周恩来的安全，据他回忆，和平解决西安事变的阻力还是相当大。当时，东北军和西北军中的一些高、中级军官想不通，他们认为，放了蒋介石，犹如放

虎归山，后患无穷。为了消除这些人的顾虑，周恩来苦口婆心地向他们分析当时的国内和国际形势，并指出逼蒋抗日的可能性。

孙铭九说，周恩来高瞻远瞩的谈话，使得这些军官心悦诚服，佩服共产党的宽宏大量和远见卓识。孔铭九提及东北军"抗日同志会"的书记应德田，带着一脑子问题去请教周恩来，回来后对孙说："听了周先生的指教，我受到极大的教育，心中的疑虑顿时消除。"孙铭九说，在和平解决西安事变的日日夜夜里，周恩来真是废寝忘食、呕心沥血，他经常看到周恩来房间的灯光彻夜不灭。

当天中共中央召开政治局会议，讨论中央关于西安事变的通电以及力争和平解决西安事变的有关问题，毛泽东在会上首先发言指出：

西安事变后南京一切注意力集中在捉蒋问题上，把张、杨一切抗日的主张都置而不问，更动员所有部队讨伐张、杨，这是事变发生后所引起的黑暗的一面。这次事变促进抗日与亲日的分化，使抗日战线更为扩大，这是事变发生后所引起的光明的一面。现在光明面被黑暗面掩盖住。我们应坚定地站在抗日的立场上，对于光明面予以发扬，对于黑暗面给予打击。

接下来，毛泽东分析：西安事变有两个前途，胜利与失败。我们应争取和帮助西安方面，把阵线整理好，打击讨伐派，反对内战，要求和平，夺取胜利。我们应与东北军、西北军接近，对他们的态度，不仅不与南京混同，而且与阎锡山也不同，我们对张、杨是同情的，应当根据这样的立场发表通电。

毛泽东进一步指出：西安事变是站在红军的侧面，受红军的影响很大。它要取得斗争的胜利，无疑地是要无产阶级政党的领导与广大群众的帮助。现在的营垒是两方面，一方是日本帝国主义与亲日派，另一方是共产党与抗日派。中间还有动摇与中立的一派，我们应争取这些中间派。要争取南京，更要争取西安，只有内战结束才能抗日。

毛泽东认为有六种力量可能使内战结束：一是红军，二是东北军，三是西安的友军，四是人民，五是南京内部的分化，六是国际援助。

应把六种反内战的力量团结起来，使内战结束，变国内战争为抗日战争。会议通过《中央关于西安事变及我们的任务的指示》，指出"主张南京与西安在团结抗日的基础上和平解决"的方针。

当天，中华苏维埃中央政府与中国共产党中央委员会联名向南京、西安当局发出通电，重申和平解决西安事变的主张，并提出四项具体建议：

（一）双方军队暂以潼关为界，南京军队勿向潼关进攻，西安抗日军亦暂止陕甘境内，听候和平会议解决。

（二）由南京立即召集和平会议，除南京、西安各派代表外，并通知全国各党各派各界各军选派代表参加，本党本政府亦准备派代表参加。

（三）在和平会议前，由各党各派各界各军先提抗日救亡草案，并讨论蒋介石先生处置问题，但基本纲领，应是团结全国，反对一切内战，一致抗日。

（四）会议地址暂定在南京。

电报表示："以目前大势，非抗日无以图存，非团结无以救国，坚持内战，无非自速其亡！""上述建议，实为解决目前紧急关头之合理有效方法，南京诸公，望立即决定国策，以免值此国家混乱中日寇竟乘虚而入也！并望全国人民各党各派，立即督促当局召集和平会议，讨论一切，共定国策，共赴国难。"当日，这份发给南京和西安当局的四点建议电报同时通电全国人民及各党各派各界各军。

当天，毛泽东发电报给潘汉年："请向南京（政府）接洽和平解决西安事变之可能性，及其最低限度条件，避免亡国惨祸。"潘汉年是中共在上海的代表，西安事变发生后，宋庆龄受宋美龄之托拜会了潘汉年，潘即将中共中央已决定派周恩来等到西安参加协商的消息告诉宋，并建议宋庆龄劝宋子文等人前往西安，与张、杨及中共代表共同协商。昨天潘汉年还会见了陈立夫，向陈转达中共关于和平解决西安事变的主张及两党合作抗日的条件。

此时西安事变已过去一周了，结局仍旧是谜。在国际上，那些与在

日记西安事变——扭转乾坤的十四天

华利益攸关的大国一直密切关注着事态的进展。

当日，国民政府驻日大使许世英向孔祥熙发来日本政府最新态度，其中不乏威胁的口吻。许世英的电报说：

日本（十九日）午前11时，有田（时任日本外相）约谈，首称蒋鼎文携带张学良所提条件到京，中央政府是否与张妥协？……中央如在抗日容共之条件下与张妥协，日本决强硬反对……张条件内容如何，日本自不便勉强奉询，以免有干涉中国内政之嫌。……中国政府应付难局，不胜同情。

而国民政府外交部部长张群于当天上午也是11时，接见了苏联大使馆代办斯皮尔瓦涅克，就三天前苏联外交部人民委员部发表的四点声明，即舆论散布西安事变与苏联有关表示抗议一事做出答复。当天这位代办就张群的答复复电苏联外交人民委员部，电报称："张群接见了。在听取苏联政府抗议后，张群做了如下答复：（1）还在发动西安事变之前，张学良就曾散布消息，说他与苏联有联系，与中国红军建立了联盟关系，他在莫斯科派有代表，中共则在西安派有代表；（2）张群本人以及其他政府成员和首脑十分清楚，这类传说纯系谣言和捏造；（3）中央政府极为珍惜同苏联的友谊，高度评价它的支持和友善态度，因此，决不会相信也绝不相信张学良或其他第三者散布的流言蜚语；（4）张群本人将力尽所能，制止来自中国国内第三者之间的种种暗示性诽谤的扩散。"

而英、美的外交官则继续他们在保证张学良（今天又把杨虎城包括在内）人身安全的前提下，和平解决西安事变的努力。当天下午1时，美国驻华大使詹森在致国务卿的电报中说："何应钦命令停止战争直至今晚6时，此地当局正焦虑地等待结果，对时局不太乐观。目前此地尚无关于蒋获释的报告。"在与英国驻华大使交换意见后，詹森大使在晚11时给国务卿的又一封电报中特别提到："除了英国政府的建议之外，各国不可能采取其他有益的行动。我们认为，如果中国政府不借助外国而自己找到解决的办法，这对有关各国更为有利。"

12 月 20 日
星期日

　　我得出之印象，委员长性命正处非常危险之状态。他们已走向极端，若其遭受失败之打击，他们甚有可能挟持他退往其山上要塞，甚或，他们可能变成一伙暴徒，并在暴徒心态下杀死他。汉卿直言不讳告诉我，其委员会已经决定，若一旦爆发大规模战事，为安全起见，他们将把委员长交给中共，这绝非凭空之威胁。

——引自宋子文当天日记

宋子文抵西安开始探路，晤蒋公陈说时局利害
与张杨反复交换意见，试图寻找和平解决方案

　　当天，国民党《中央日报》大字标题刊登："截止昨晚止委座仍无离陕消息　讨逆军事已饬照常进行　陕北驻军表示听命驱策"。该消息称："截止星期六（12 月 19 日）晚，委座仍无脱险南旋消息，显系张学良欲图缓兵之计，故讨逆总司令部业已急电前方，今（12 月 20 日）日照常进行，并令飞机继续轰炸云"。头版的新闻标题还有"各方电京拥护何总司令，迅奋军威歼彼凶顽""张逆末日将至所部纷纷接洽反正，于凤至（张学良原配夫人，此时在英国）亦促其猛醒"，该条消息称："于凤至有电致张，谓此次妄动举世唾骂，如事态难以于善后，何如护送委座安全出境，本人立即下野谢过，则保全身家。"头版最抢眼的内容是国民党中央执委邵元冲的"报丧"公告，配发的新闻标题为"在陕猝遇叛乱，中委邵元冲殉难，邵宅昨晚举行家奠"。同版面刊登的还有"蒋孝先萧乃华在陕殉难，在京亲友设奠追悼，将请中央从优褒恤"的消息，同时刊登了一篇题为"敬悼西安死难诸烈士"的社评，社评表达的意思就是要用讨逆的胜利来告慰死难者的亡灵。

　　而根据讨逆军东路集团军总指挥刘峙的回忆录记载："20 日晨，叛部突向我华县附近之董钊部攻击，董部乘势予以包围，冯（叛）军两营，全部缴械，并收复华县县城，继续至赤水与冯钦哉部会师。"当天国民党驻洛阳办事处给南京中央党部的第 27 号密电证明了刘峙的提法："我军皓晚（19 日晚）突破华县，城内叛军袭击，我军还击，当将叛军完全缴械。我二十八军（师）董钊部及教导总队桂永清部入城维持秩序。"电报接下来说："我军今向前推进，越过赤水，直趋渭南，现因奉命，尚未接触，自潼关至赤水间已无敌军。"在随后给中央党部的第 32 号密电中，内容全部为侦察到的张杨各部的动态，其中提到"冯钦哉屡向樊军（樊崧甫军）联络，表示不受伪命，服从中央。刘多荃（东北军一零五师）部武装兵一队向我投诚"。

电报中提到的董钊部系国民党中央军六十四军樊崧甫部二十八师，樊在昨天给孔祥熙的一封密电中反映："何（应钦）部长有电令，国情除报何（应钦）、刘（峙）外，不准向任何人报告，对甫颇有闲言。"进而他嘱咐孔："此后报告，请秘勿外宣为祷。"樊在这封密电的最后还提及"他日如收拾局面，有必要时，拟请老师予以经济上援助"。当天孔密电樊，表示"此后来电，自当保守秘密，经济上援助一节，自可照办"。而樊与何应钦的过节，根据樊的回忆录记载，可能是这样造成的。事变初起时"黄埔系军官要我发电拥何（应钦），我迟迟不应，直至 16 日董钊来催促。我才发通电只请国民政府明令军政部长何应钦大张挞伐，及有一点拥护语气。后来，任命何应钦为'讨逆军'总司令，何派刘峙为前敌总司令，徐庭瑶为前敌总指挥并派胡宗南为该队总指挥，而我和毛炳文等只是纵队指挥官，我大为不满，发一通牢骚"。

洛阳办事处昨天在给国民党中央党部的第 20 号密电中汇报"胡宗南军此间全无消息，甚觉焦虑"。当天《西北文化日报》头版大字题目刊登《驻甘肃靖远附近胡宗南骑兵全部反正》的消息，该消息称："驻甘肃靖远附近打拉池地方之胡宗南骑兵团全部约千余人，对张杨两将军之主张极为拥护，遂于十六日反正，击杀团长，由团附王心元率领南行，甘肃于（学忠）主席已派骑兵前往接应收容云。"当天《西北文化日报》刊发的另一条瞩目消息是"甘东路交通司令马锡武拥护抗日主张，张杨昨特电复盼共匡国是"。

而对于南京政府军政部长何应钦指挥中央军对陕西的军事攻击行

为，西北各界救国联合会致电何应钦，予以严厉的谴责。该电文说："乃日来道路传闻，谓先生有妄动干戈、酿造内战之意，并连日派遣以人民血汗购备御侮抗敌之飞机，投弹轰炸三原、渭南之无辜民众。残酷恐怖，意属何居？岂以此间指斥'何梅协定'，因而迁怒于民？抑欲出卖民族，继承蒋氏权威，不惜执行日人之使命，俾逐一时领袖之私欲？窃恐先生在自鸣得意时，而秉笔直书民国汉奸使（史？）者，已立先生后矣？世界民族思想弥漫全国，已非昔比，孰真抗日孰受拥护，孰作汉奸孰遭唾弃，未可以一手掩尽天下耳目，而后世贬责，尤为可惧。"

"蒋氏近尚有言，谓有吾在，绝不使南京与西安发生内战。曾扩情氏亦谓，天发杀机，人民涂炭，国家元气凋残，何能共剪仇雠而为民族延一线生机于狼吞虎噬之场？足见迷途知返，不远而复，天良未泯，古今人何遽不相及？尚望先生亦能放弃野心，幡然憬悟，调西来内战之旅，充北上援绥之师。将来抗日功成，民族解放，或可以晚节而盖前愆。非然者，执迷不误，自弃国人，不特负内战全责，且民意所在，顺逆昭然，一意孤行，必至身败名裂而后已，后悔何及！临崖勒马，惟君自决，不尽欲言。西北各界救国联合会叩。"

当天的国民党《中央日报》报道南京政府的"赴陕宣慰使"于右任已到达潼关并发表告西北军民书，称"现正准备赴陕，惟闻一二日内尚难成行"。为什么还尚难成行呢？因为西安方面不欢迎于右任此行，为此，张学良、杨虎城已分别表态，表示婉拒。当天西北各界救国联会再次致电于右任，请其自审进退。西救会的电文用词较之张杨更加犀利，不留情面，电报尖锐地指出："南京亲敌政府，民众已经认为必须改组，何能再有资格派遣宣慰？且先生为南京五院院长之一，身居要津，平日与蒋氏同一鼻孔出气，未见有一言纠正其失，应同负误国之责。此次忽来宣慰，民众方面，以为必是代敌人暗作宣传之举，愤慨已极！兹为先生告，如果赞成此间八大救国主张，请先通电全国，表明个人心迹。倘不此之图，昧然莅此，我西北民众，不特不愿意见尊容，且群愤所激，恐有不便明言者。引止进退，祈自审之。西北各界救国联合会叩。"

为了稳固军心，鼓舞士气，当天，张学良、杨虎城发表《告东北军和十七路军全体将士书》（以下简称《告将士书》）。《告将士书》说："我们亲爱的将士们：

双十二抗日救国运动，酝酿了许久，现在已经揭开七八天了。我们为什么发动这样的运动？为争地盘吗？不是。为泄愤吗？也不是。我们反对政府的屈辱外交，国家都要亡了，还在这里出死力自相残杀，所以才提出抗日救国运动的八项主张。我们主张的核心是集合全国各党各派的力量，以民众的总动员，去抗日救国。"

接下来《告将士书》就民众关心的"南京政府是真正在抗日吗"的几个疑问一一做了解答。首先解答的是国民党中央军是在抗日吗？《告将士书》说："也许有人在那里怀疑绥远军队已经在那里抗日了，听说也有些中央军在那里参加，很是胜利。可见中央已在那里抗日，为什么还要我们这样发动？不！不！事实绝不是这样简单。中央军是摆在晋军与绥军中间，而且只有两师。阎副委员长所要求的 20 万大军援绥，中央答复无法抽调，然而到西北打红军的内战却源源而来了几十万大军。由这样的事实，他们所说抗日，不过是欺骗民众的一种办法，绝对没有真正抗日的决心，还不是很清楚吗？"

接下来《告将士书》回答的是："中国的空军力量在干什么？""双十二运动发生的一天，中央飞机数十架一齐发动到西安来侦察，而在绥远的抗日血战中，中国飞机却半架也没有。据他们说是因为天气太冷，飞机发动不容易，但敌人的飞机怎么能发动呢？也许我们的飞机不好，那我们为什么必要买那样不好的飞机呢？而且到寒冷和绥远差不多的西北的飞机怎么就能发动使用呢？这种欺骗情形，凡是有知识有眼睛的人，谁看不清楚？我们全是中国人，谁不知飞机献寿为的是抗日。因为有抗日做目标，群众才那样的热烈。而现在我们有飞机却不对外，使我们的抗日战士无可奈何地受着敌人飞机的时时轰炸。这是抗日吗，这是

真心抗日吗？如果这样就算抗日，试问我们的东北四省，我们的察北六县，我们的冀东二十二县，什么时候才能收复回来？这是敷衍欺骗的抗日，绝对不是我们要求的彻底抗日。"

《告将士书》最后批驳的是所谓"抗日准备论"理论："也许还有人相信抗日的'准备论'，这更是大错。我们不要把日本当傻瓜，认为我们会准备人家不会准备。老实说，我们准备得还不到五分，人家已经准备到十分了，试问这种准备有什么用？这岂不是等人家准备好了来整个吞并我们中国吗？再说，人家也绝对不许可我们准备。在我们准备过程中，人家已经用经济、政治、外交、军事各种的锁枷把我们束缚得死紧，叫我们动不得身，抬不得头。试问我们又如何能够准备起来？这不是梦想吗？"

《告将士书》重申西安事件的发动是服从"全国潜在大多数民意"，贯彻"抗日救国主张"，"是绝对纯洁的，是绝对发自内心的，无一毫私心，无一点背景"。对于面临的"讨伐军"的军事压力，《告将士书》也表明了坚持主张不屈服的鲜明态度："我们的目的在对外，绝对不造成内战，并且极力避免内战。但是如果有违反民意的汉奸，用武力压迫我们，使我们不得贯彻主张，那我们为扫除误国误民的分子，争取民族的最后生存，当然我们要起而自卫，并且要粉碎这种恶势力。这不是我们造成内战，而是实行抗日救国的清道工作。

"我们亲爱的将士们！事实已经摆在我们面前，我们的国家，已到了生死关头，真是抗日则生，不抗日则死。我们必须巩固我们抗日救国的战线，去与一切破坏我们的恶势力相拼，方能实现我们的主张，才能收复我们的失地，才能湔雪我们的一切国耻。这是我们由理论而实行的时候了，我们需要团结，我们需要奋斗，我们必须不辞一切光荣胜利的牺牲。"

《告将士书》最后用激情的口吻号召："我们亲爱的将士们！我们具有坚强民族意识的亲爱的将士们，这是我们起来的时候了！白山峨峨，黑水汤汤，我们光荣的胜利，就在目前，我们一定要到黄龙痛饮的。"

"我们亲爱的将士们！我们热血沸腾的亲爱的将士们，我们一定要不辞一切艰险牺牲，去争取中华民族的解放与自由，去达到我们最后的胜利！"

当天国民党的《中央日报》和西安的《西北文化日报》都报道了宋子文离京前往西安的消息，而国民党洛阳办事处给南京中央党部的汇报是"宋子文今早到达西安，二日后可返"。同时知会南京"端纳今自西安来洛，谓委座平安健康，一如平日，二十一（日）飞京报告"。

随宋子文一起前往西安的宋子文的秘书陈康齐，在他的日记中描述当天飞抵西安的情形是这样的：

"天气异常地冷，飞机的引擎直到上午 8 点 30 分才启动。我们的飞机沿着铁路沿线飞，皑皑白雪，覆盖了田野，遮掩了山峰，举目望去，但见苍茫一片。不时，我们还能看见一些铁路货车"。

"上午 10 点 30 分，我们到达西安上空。宋博士命令飞行员往高处飞，并绕城飞行，试图在飞机降落前观察一下城里的形势。着陆时，我们发现机场莫名的寂静，机场上停着 30 架战机。一辆轿车驶来，里面坐着几名卫兵，他们邀宋博士上车，随即开走了。他们答应回头再来接我们，不多会儿，几辆轿车驶进机场，将我们及行李送至西京招待所。"

宋子文抵西安机场

宋子文出面到西安，有常人不具备的有利条件，他一方面是蒋介石的妻兄，而又与张学良有深交，关系密切。张学良的原配夫人于凤至曾拜宋子文之母为干娘，因此于与宋子文、宋美龄素以兄妹相称，彼此

亲密无间。且宋当时是国民政府的重臣，实权派，又有英美支持的背景，于事情的和解颇有补益。

根据宋子文的日记，当天他在见蒋之前，先拜会了张学良、杨虎城和端纳。张学良告诉他：蒋介石于17日已同意这样四项条件："（1）改组国府，采纳抗日分子。（2）废除塘沽、何梅、察北协定。（3）发动抗日运动。（4）释放被捕七人。但今晨委员长改变主意，谓其不会在胁迫下接受任何条件。"而杨虎城的态度是"汉卿所言可完全代表他的意见。"端纳则认为："汉卿所为绝对错误，然彼动机系出爱国，所倡政策亦为正确，委员长做事过于顽固。"

随后，宋子文获准和蒋见面。宋子文在日记中说："我单独拜见委员长。他甚为感动，失声大泣。我对其安慰，告诉他，彼并未蒙羞，相反，整个世界均在关心他、同情他。此前，他一再叫端纳让我前来，然此时他却担心我不会获准离开西安，并被逼加入其新政府。我说，倘我被逼加入，将成千古罪人。他说，他不会在胁迫下接受任何条件，军事解决为唯一之途。我指出，形势之危险性，谓军事上之成功并不能确保其性命之保全，即便西安被占，他们尚可退至接壤共区，惟国家将陷于分裂，内战四起。他的性命攸关整个国家之命运，并非其个人一己之事。他必须认识到，他的案件，不似一名将军遭一群有组织队伍捕获那么简单，只要捕捉者被迫做出退让，就可饶其性命。我请他允准，以我不才，谋划一解决之道。他多次要求端纳留下，尽管蒋夫人一直在召其返京通报消息。他说：汉卿已读其日记，应明白其（抗日）意图与政策。"

而对于此次与宋子文的谈话，蒋介石的日记是这样记载的：上午，闻上空有飞机声，以为停战期满，前方已开始作战，故飞机到西安侦察敌情也。讵未几，子文偕张及端纳来见，始知此机乃载子文来陕者，殊出余意计之外。与子文相见，握手劳问，悲感交集几不能作一语。子文出余妻一函示余。略谓："如子文三日内不回京，则必来与君共生死！"

余读竟，不禁潸然泪下。子文示意张及端纳外出，彼独留与余谈话，此为余被劫以来，撤去监视得自由谈话之第一次，然监视者仍在门外窃听也。余知黄仁霖未回京，即将预留之遗嘱交子文，俾转示余妻，次乃互询彼此近状。子文言邵元冲同志在西京招待所被叛兵击中数枪已伤重殒命，闻之不胜悲感。余告子文以余之日记、文件等均为张等携去阅读，及彼等读余日记及文件后态度改变之情形，并告子文此时非迅速进兵，不能救国家脱离危险，亲示子文以进兵之方略，俾其归告中央。谈约半小时，恐久谈生疑促子文速出。根据宋子文的日记记载，在宋子文与蒋单独谈话后的当天下午，张学良也单独与蒋进行了一次谈话，之后张对宋说，自宋子文见过蒋后，"其态度渐次通情达理。委员长告诉他，倘汉卿愿将部队调往绥远，他将同意。"宋子文在这天的日记中接着写道：我拜见委员长，他称已答应汉卿："（1）允其军队开往绥远；（2）召开大会讨论四项条件；（3）改组陕西省政府，由杨虎城提名人选。他要求我与张、杨二人讨论此等事项。张、杨说，第一与第三点无关重要，四项条件为问题之关键，委员长称将该项提交中央执监大会讨论，系回避问题之实质，因只要他同意，大会定能通过。"

而蒋介石在他当天的日记中，对他答应张学良的三件事未有提及，而只是说："傍晚，子文又来见，余告以此事之处置，应从国家前途着想切勿计虑个人之安危。吾人做事，应完全为公而不可徇私，如能速将西安包围，则余虽危亦安，即牺牲亦瞑目矣。是晚，张又来见，惟乘子文在此之机会，商定实行一二事，以便速了此局。余仍正色拒之，以非余回京，无论何事，不能谈也。"

宋子文在日记中说，当天晚上他继续与张、杨交谈，探寻解决问题的办法，曾谈到请阎锡山出面调停，请居正（南京政府司法院院长，最高法院院长）以非正式官方代表身份前来谈判等。经过一天与各方的深入交换看法，宋子文在日记中总结道："我得出之印象，委员长性命正处非常危险之状态。他们已走向极端，若其遭受失败之打击，他们甚有

可能挟持他退往其山上要塞，甚或，他们可能变成一伙暴徒，并在暴徒心态下杀死他。汉卿直言不讳告诉我，其委员会（西安事变当天，张学良、杨虎城成立了'抗日联军临时西北军事委员会'，以之作为行动的决策机构，张、杨任正、副主任，此处当指此委员会——宋子文英文日记译者）已经决定，若一旦爆发大规模战事，为安全起见，他们将把委员长交给中共，这绝非凭空之威胁。"

中共方面，毛泽东一直密切地关注着西安事变的事态进展，当天毛致电周恩来，指出："如宋子文态度同情陕变，兄可设法见他，一面提出我党调和陕变，中止内战，共同抗日之主张，站在完全第三者的立场说话，痛陈时局危急，内战是死路之意旨。征求他即召集和平会议，解决国是。"根据童小鹏的回忆记载："周恩来抓住时机，通过随同宋子文来陕的郭增恺说服宋子文和他面谈，至少也要把中共的方针转告宋，即：这次事变中共未曾参与，对事变主张和平解决，这是中共团结抗日方针的继续，望宋认清形势，权衡利害，劝说蒋介石改变政策，为国家做出贡献。郭增恺向宋子文转达了周恩来的意见，宋大感意外，对中共的方针十分赞赏。而宋子文怕给何应钦以口实，不敢单独与周恩来会见。也是托口信给周恩来，表示同情西安的义举，说他早就认为'共产党不是武力所能消灭的，蒋想靠武力灭共，才有今天'。"

负责捎口信的郭增恺是宋子文此次来陕的随身秘书，几个月前他还是杨虎城十七路军的总部参事兼宋子文的经济委员会西北办事处主任，但由于涉嫌参与十七路军秘密印刷的赤化刊物《活路》，被军统秘密逮捕押送到南京审讯，审讯多次没有结果，宋子文来西安前不久，将他从军统的监狱里捞出来，作为秘书一同来到西安。

12月16日共产国际执委会书记处曾就中共中央12月12日去电有一复电，但该电报因电码错乱，当时未能译出。后中共中央去电要求重发，方于当日正式译出。电报要求"中国共产党应该坚决主张和平解决冲突"，并特别强调"不要提出同苏联结盟的口号"。关于共产国际迟到的指示一事，时任中共中央组织部副部长的郭洪涛有这样一段回忆和认识。

他在回忆录中提到："关于这次事变，共产国际是有指示的，不过指示到达得比较晚，和平解决的决定实际是我党独立自主做出的，其结果却同晚来的共产国际指示基本一致。我清楚地记得，19 日会议后隔了一天，我到张闻天同志那里请示工作的时候，他拿出一份刚收到的（共产）国际电报给我看，其中明确指示用和平方式解决这一冲突。"（关于共产国际的这封电报内容详见 12 月 16 日章节内容）

郭洪涛回忆：张闻天对他说，我们一定要争取和平解决这一事变，接着开了干部会，毛泽东做报告，向大家指出，对蒋介石的处理有上、中、下三策，"杀"是下策，"不杀不放"是中策，"放"是上策，中央决定的方针是"放"，这是联蒋抗日的上策。

郭洪涛说："实际上在昨天召开的政治局扩大会议上，中央对和平解决西安事变的立场已经达成统一的认识。"（郭列席了 19 日的会议）

郭洪涛认为："12 月 19 日党中央召开的政治局扩大会议，与 13 日的会议相比，这次会前中央对外界的反应及动向比较清楚，认识也已经完全统一。事实上从各方面的情况来看，对蒋介石的处置问题成为是否正确解决西安事变的关键。毛泽东同志在会上全面地分析了西安事变发生以来的形势和前途，并在大家发言的基础上做出了和平解决西安事变的结论，张闻天同志在这次会上也有一个发言，他着重讲了在当前民族矛盾急剧上升的情况下不能反蒋的道理，他特别指出把蒋介石交人民公审的口号是不妥的。张闻天同志在这个问题上的观点前后一致，是很不简单的。"

毛泽东当天即将共产国际的来电转发给周恩来，周恩来在接到毛泽东这封电报之后，马上将共产国际的这个态度转告了张、杨。其实，为了实现和平解决西安事变，周恩来一到西安就与社会各界广泛接触，做各方面的团结说服工作。周与之谈过话的就有西北民运指导委员会主任

王炳南、新任陕西省政府秘书长杜斌丞、西北教育界抗日救国大同盟主席杨明轩、出任抗日联军西北军事委员会第四处处长卢广绩等二三十人，甚至包括西北"剿总"政训处处长曾扩情。曾扩情当时被关押，周要卢广绩陪他去看曾，并说准备说服曾向南京做广播讲话。让曾讲什么呢？周说这个他想好了，就让他讲："要想委员长平安回京，西安与南京之间只可以文说，而不可武事。古语说，'奔车之上无仲尼'，现在是炮火炸弹下边，委员长的安全从何谈起……"

当天，被扣押中的陈诚得知宋子文来陕的消息颇感意外，他在回忆录中写道："12月20日午后，张来告知余等，子文已来西安，闻之颇出意外。子文冒险远来，义勇令人钦佩；但虑来此以后，倘亦失去自由，不将重增张之要挟，以致动摇经济基础，影响国家前途乎？继念事变发生以后，迄今已逾一周，长此夜长梦多，当然绝非办法！余等在此丧失自由，深恨一筹莫展，虽每日直言剖析，张仍置若罔闻，此次铭三去后，子文续来，自系得张同意，或者以子文之义勇，终能设法使委座安然脱险，正未可知。不自由身，徒能冥想，有生如此，可耻甚矣！"

而身在南京的宋美龄，知道当天"停止进攻之期限已届，余力争展限三日"。她在回忆录中提到，曾决心与宋子文一起去西安，为此"神经头奋，几不能持"。但"行前最后一瞬间，政府中高级长官群集余所，坚请暂留"。有人劝宋美龄留京："尚可于委员长未离西安之前，劝止中央军之进攻者。"宋美龄最后只好妥协，并与众人约定"倘子文去后，三日内不能返京，则不得再阻余飞西安"。宋美龄在回忆录中还提到："同时接张学良来电告余，倘不能阻止进攻，切勿往陕，盖彼（指张学良）亦无力护余矣。"

12 月 21 日
星期一

军民既一齐集中在一条大路上，固无所谓"政治解决"，亦无所谓妥协办法，更无取乎商量条件。

现在全国上下应该只有一种意志，就是"打！打！打"！又应该只有一个盼望，就是"胜！胜！胜"！对张贼只可有一道命令，就是"降！降！降"！此外没有任何话给贼说。

一切要照既定方针进行，若这时候在实际行动上有一分钟的懈怠，便是中国的大罪人。

——摘自当日《中央日报》刊登的北京大学教授傅斯年文章

宋子文上午忙于西安，下午急匆匆赶回南京
和平方案遭政府质疑，南京软硬两手对付西安

　　根据宋子文的秘书陈康齐当天的日记记载，这天上午天一直下雪，他们几个随从在西京招待所，而宋子文与张、杨开了几次会议。宋子文在日记中也提及，这天上午他在见张、杨时，讨论了昨晚所提出的解决问题的办法，而张、杨的态度是"不欢迎居正前来，因为在南京方面他谁也不能代表"。宋子文说，他分析整个局势，得出如下结论：

　　一、此次运动不仅系由张、杨二人所发动，而且亦得到全体官兵上下一致支持。张、杨至为团结，南京方面许多人计划并希望彼二人分裂，此不仅不可能，且充满危险。

　　二、张、杨与中共两方军队联合一起，将成为一令人生畏之集团，以现有之兵力，加之有利之地形，在目标一致之条件下，他们完全可以固守战场数月。

　　三、中共已毫无保留地将其命运与张、杨维系在一起。

　　宋子文说自己在离开南京之前，一直在军事解决与政治解决间摇摆，然而经过一天的实地耳闻目睹，使宋坚信"拯救中国唯一之途只能藉政治解决"。宋子文说他不知何种政治解决切实可行，但他决定先行如下三点措施：

　　一、应让蒋夫人来西安照顾委员长，并改变其听天由命之态度。

　　二、由戴雨农（戴笠）代表黄埔系前来西安，亲身观察此地之局势。

　　三、派一将军来西安，以处理可能产生之军事问题。

宋子文把他的决定通知张、杨，并获得他们的同意。宋子文说："且张（学良）给蒋夫人与戴（笠）写了信，但他同时表示，尚西安发生战事，蒋夫人之安全不能得到保障。"

随后，宋子文于 11 时再次面见蒋介石。宋子文说："他交我几封分致国民、蒋夫人及其二子之遗嘱，并要我将这几封遗嘱给汉卿看（张扣下遗嘱，谓假如发生战事，他以人格保证将把这些遗嘱发送，但现在他不会允其发送）。委员长要我不让蒋夫人前来西安，且让我亦不要返回。我告诉他，无论如何，后天我定返回。"

而蒋介石对当天上午与宋子文辞别一事在日记中是这样描述的：

> 今晨睡极酣。上午 11 时，余尚在酣睡中，子文推门入见，蒙眬中几不辨为谁，移时清醒，乃知子文。彼告余曰："今日拟即回京。"余讶其归之速，以彼昨告余，将住三日再回京也。方欲有所言，子文移身近余，谓："门外有人窃听，不便多谈，唯京中军事计划与兄正同也。"余曰："如照余之计划，五日内即可围攻西安，则余乃安全，虽危亦无所惧。宜告京中诸同志，勿为余之生死有所顾虑，以误国家之大计。"子文颔首者再，止余勿多言，即与余握手告别，余乃高声语之曰："尔切勿再来！且切嘱余妻，无论如何勿来陕！"一面以手示意，暗示中央应从速进兵。子文强慰余曰："后日当再来陕视兄。"余再以手示意，令勿再来。子文言："余来无妨，彼等对余之意尚不恶也。"既出，忽复入，重言曰："余后日必再来视兄。"余知其不忍遽离念生离死别，人生所悲，况余自分已决心牺牲；此时诀别之情绪，兼以托妻托孤之遗意，百感交集，真不堪回忆矣。

宋子文在日记中提到的蒋介石想交给他的致国民、蒋夫人及其二子之遗嘱一事："蒋介石在当天的日记中未曾提到，直到 1938 年 12 月 13 日他在日记中才写道：'本日捡得前年在西安寄妻与两子之遗嘱，读之

不禁有隔世之感。此特录之。' 在之后的 12 月 20 日的回忆中又说：'（民国）二十五年十二月二十日在西安遭难时告国民之遗嘱，特录之。'"

蒋给其妻宋美龄和两个儿子的遗嘱内容与他 12 日 15 日想交给黄仁霖带给宋美龄的信内容相差无几（见 12 月 14 日内容），而在告国民遗嘱中，表达他此时的心境："上天以对党国，下天以对人民，决心以死报国"，并称'夫君泰然，毫无所系念'"。

根据陈康齐的日记记载，宋子文一行是当天中午 12 时 30 分飞离西安，于当天晚上 5 点抵达南京。陈在日记中说："能回来我们都很高兴，但郭增恺告诉我们，我们可能还要去一趟西安，这颇让我们有些沮丧。"而宋子文顾不得这些，飞机一到南京，宋子文即找蒋夫人、孔夫人、戴笠，毫无保留地把西安的情况向他们做了介绍，三位均赞成宋子文与宋美龄及戴笠同返西安。戴笠还建议宋子文应该与一些中央政府的要员交流一下，努力寻找和平解决。于是宋子文即拜会了叶楚伧（国民党党部秘书长）、顾祝同、蒋铭三（蒋鼎文）、孔祥熙和熊式辉，将张、杨所和平解决西安事变之四项条件（即昨日宋子文抵达西安时，张学良向他提及的）告知他们。

宋子文在接下来的日记中说，根据他的观察，"他们以为重组政府为最要：否则，其他条件根本无法实现。我说，我们可以期待西安理性讨论这些条件，但是，我亦向其表示我之担心：我等目标原为救委员长，故绝不能采取军事解决。以我之见，即便落败，他们亦不会饶过委员长之性命。反之，政府军事上的成功只会愈加危及委员长之安全。他们让我直截了当地回答，委员长是否希望军事解决。此问题，我因先前曾与蒋、孔二夫人讨论过，故便模棱两可地答曰，若能寻得和平解决之道，委员长不希望看到再发生内战。"之后，熊式辉、何应钦、叶楚伧给以提出质疑，宋一一辩解。

宋提及"熊（式辉）说，他担心委员长在西安会违心地被迫接受彼等条件。我言，以彼如此了解委员长之为人，竟谓委员长会被逼违心签字，我甚感惊讶，此系对其人格之侮辱"。

"何（应钦）问，汉卿为何提出让戴雨农去，让蒋铭三去是否亦出同样目的，他们是不是欲逼其透露我方军事计划？我答，目前时间紧迫，质疑彼等动机毫无意义。"

"叶（楚伧）评论道，站在政治委员会立场言，只要委员长在遭胁迫，他就不能同意任何条件，中央应给我一些能够接受之条件，以供参考。我言，彼曾多次在报纸申明，我此行纯以私人身份，是故无必要为我设定任何条件，我不欲我等之手脚遭缚。我之全部要求系：四天之内飞机不能轰炸，陆军不得进攻。但假若四天期限已过，尚未寻出解决方案，此时委员长亦离开西安，他们可放手让飞机、大炮轰炸攻打西安及其他任何彼等欲攻打之地方。当日晚，政府要员开会，讨论了我的建议。"

宋子文在当天的日记中还提及："我还听张公权（即张嘉璈）之姐的某朋友言，张公权称，西安事变系我一手策划"。宋子文哭笑不得，不无感慨地收笔："如此，度过余之 44 岁生日。"

根据宋美龄的回忆录，端纳、宋子文都是当天到达南京的，她写道："星期一下午，端纳、子文先后到达，各述闻见，余坚持明晨必偕彼等同机返陕。端纳云：'张确有计划，拟于进攻开始后挟委员长乘机离陕他行。'余闻言，自觉能想象张之心理如见其面，因此益自信，尚能与张当面商谈，必能以余信心感其迷瞀。当时余对西安事变已具一种感想：譬之造屋，端纳既奠其基，子文已树柱壁，至上梁盖顶完成之工作，实为余无可旁贷之责任矣。"

蒋介石在当天的日记中还提到有两次与张学良的对话：

> 今日张来见时，余询以："前次遗书既未交黄仁霖带去，今置于何处？"张答："他日若委员长安全返京，自当亲交夫人；如果不讳，亦必亲交夫人，绝不有失。"言次，显有恫吓之意。是晚，张又来，言彼须离此一二日。询以何往，彼言："前方已开战，杀伤甚多。此间惟余到前方指挥，去一二日当再回此。"察其语气似欲探余对其所言是否惊恐也者。余泰然处之，彼乃无言而去。

陈诚在他的回忆录中也提及当日见到张学良："张学良见面即说，今后三两日内，我不来看你们了。余问其故，彼称要到前方指挥部队去；余故发问，是日本军队来了吗？彼答不要开玩笑，来的是中央军，而且进攻甚急，已将驻华县的一〇五师一部分官兵俘虏过去了。余即语张，你发动此次事变的理由，是为抗日与反对内战，现在你可知道，名为抗日，实际则已分散了抗日的力量，破坏了抗日的计划；名为反对内战，实际上则系已成为所谓内战之祸首矣。张至此愤然曰，中央军要打我们，那我们没有法子不打。揆其语气，固仍旧有恫吓之意，但前方紧急，形态张皇，自亦不能掩也。"

当天国民党的《中央日报》在"讨逆军收复华县城"标题下称："张部叛军 20 日拂晓突向华县附近之中央军阵地猛攻，战斗激烈，而经中央军将其包围，于上午 8 时左右将叛军两营完全缴械，并收复华县县城"。而讨逆军东路军总司令刘峙在答中央社记者的采访时说："前方将士对张逆犯上作乱，异常痛恨，自中央明令讨伐，军心大振，现大军云集，威压西安，营救委座，扫灭叛兵。"

当天的《中央日报》还转发了中央社洛阳 20 日的一条电讯，该电讯称："自西安事变发生，十三日起飞机赴前方侦察轰炸，叛军异常恐慌，尤以飞机散发传单、小册及新闻纸等收效最巨。据飞机驾驶员云，诚不亚于飞机所抛掷之炸弹也。"

当天国民党驻洛阳办事处赖琏在致国民党中央党部秘书长叶楚伧的第 35 号密电中，就披露了标语的内容。电报称：此间所印标语为：

（一）军人须拥护最高统帅始有出路。

（二）执迷不悟依附叛逆者终归灭亡。

（三）拥护蒋委员长脱险者，受上赏。

（四）拥护蒋委员长脱险者，即为民族之功臣。

（五）救蒋委员长即是救中国。

（六）要抗日必须救蒋委员长。

共印十五万张，派机带往西安散送。"

关于南京政府方面派飞机在陕西省西安地区撒宣传品，扰乱军心一事，当天出版的《西安文化日报》就以社论的方式讽刺了从飞机上撒下来的中央大学校长罗家伦的文章，用的题目是"汉奸理论之穷乏"，同时抨击了南京军方，不用飞机打日本人，而来陕西炸国人，蛊惑民心。

傅斯年

孙科

当天国民党《中央日报》刊登了著名学者、北大教授傅斯年两天前写的一篇名为"讨贼中之大路"的文章，旗帜鲜明地支持军事讨伐张、杨，反对政治解决。文章说，12 月 16 日中央政府既下了讨伐令，说明国事已定、国策已决："军民既一齐集中在一条大路上，固无所谓'政治解决'，亦无所谓妥协办法，更无取乎商量条件。"傅斯年称"现在全国上下应该只有一种意志，就是'打！打！打'！又应该只有一个盼望，就是'胜！胜！胜'！对张贼只可有一道命令，就是'降！降！降'！此外没有任何话给贼说"。傅斯年认为："一切要照既定方针进行，若这时候在实际行动上有一分钟的懈怠，便是中国的大罪人。"

当天的《中央日报》还发表了立法院长孙科在上海的一次谈话，用的题目是"戡乱决以军事，不谈政治问题"。孙科在谈话中称："中

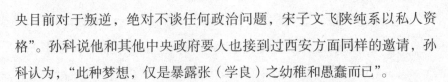

央目前对于叛逆，绝对不谈任何政治问题，宋子文飞陕纯系以私人资格"。孙科说他和其他中央政府要人也接到过西安方面同样的邀请，孙科认为，"此种梦想，仅是暴露张（学良）之幼稚和愚蠢而已"。

与《中央日报》的调门相反，当天的《西北文化日报》大字标题刊登的是"蒋（介石）表示痛恶内战，中央军各将领积极拥护"。该消息称："自蒋委员长表示彼生在一日，即不得再生内战，并已渐容纳张、杨主张后，中央军各将领均受感动，极表拥护，对一二野心家之不顾一切有意造成内战，异常愤慨。兹据确息，胡宗南、关麟徵、黄杰诸人，最近将联名通电表示立场云。（中央社）。"在国民党中央政府封锁消息的情况下，西安方面充分利用电台，宣传西安事变的真相和抗日救国的八项主张，当天国民党驻洛阳办事处就密电南京中央党部反映了这一情况："广播电台李梅仙到洛，晚九点听西安广播，报告组织学生救国会及抗日先锋队，希望全国学生参加。多为联合战线、停止内战、抗日救国一类论调，甚类□党口吻。仍称张为副司令，杨为主任。嗣又一女子用英语报告，亦系根据通电八点，说明反日及责备南京之原因。波浪杂乱，不甚清晰。"

当天，中共中央书记处致电周恩来提出与张、杨商量立即采取的步骤，电报首先分析了当前的局势和应采取的策略。电报说：

（甲）目前局势是日本与南京右派联盟，企图夺取蒋系中派，造成大内乱，另方面是南京与各地左派企图调和，而中派在动摇中。

（乙）我们与西安策略，应扶助左派，争取中派，打倒右派，变内战为抗战。

在谈及与张、杨商量立即采取如下步骤方面，电报列出了八点，第一是即"争取蒋介石、陈诚等与之开诚谈判，在下列基础上成立和平"。这一款又有六项基本内容，即：

（第一）南京政府中增加几位抗日运动之领袖人物，排除亲日派，实行初步改组。

（第二）取消何应钦等之权力，停止讨伐，讨伐军退出陕甘，承认西安之抗日军。

（第三）保障民主权利。

（第四）停止剿共政策并与红军联合抗日。

（第五）与同情中国抗日运动之国家建立合作关系。

（第六）在上述条件有相当保证时，恢复蒋介石之自由，并在上述条件下赞助中国统一、一致对日。

这六项内容是最主要的，是与南京方面谈判的基础，在此基础上，书记处的电报还提出了其他的七点内容，其中第（二）点至第（八）点，分别是：

（二）依上述条件与阎锡山、宋子文、于右任、黄埔左派、二陈（陈果夫、陈立夫）派等谈判。

（三）对阎锡山迁蒋至山西办法应表示可以考虑。

（四）招致一切愿意和平之人，来西安谈判。

（五）招致英美顾问再来西安，经过他们使英美赞助和平。

（六）巩固西安军事阵地，使尽可能持久，以待政治谈判之成功。

（七）对陕甘之黄埔军官，如胡宗南、樊崧甫、董钊等进行接洽。

（八）兄应以共产党代表资格，公开与蒋、陈、宋、阎、于等基于上述条件，与谈判调停双方。

电报落款：中央书记处。

当天，毛泽东再次致电潘汉年，让他立即向陈立夫提出："目前最大危险是日本与南京及各地亲日派成立联盟，借拥护蒋旗帜造成内乱奴化中国，南京及各地左派应速行动起来，挽救危局。"毛在电报中表示，共产党愿在前面给周恩来的电报中提到的六项条件基础上"成立国内和平，一致对付日本与亲日派"。

此时，潘汉年已根据毛泽东 19 日的来电赶往南京，并在宋庆龄的帮助下秘密住进宋子文公馆，并拜会了宋子文、宋美龄，同他们商量由端纳陪宋氏兄妹去西安。宋庆龄与潘汉年的此番努力对促成宋氏兄妹西

安之行，对南京与西安的谈判起到了积极的推动作用。

当天毛泽东在致周恩来的另一封电报中，要求周"派人去董钊、樊崧甫、王耀武、胡宗南等处，告以何应钦、何承浚（军委会军法执行总监）等亲日派欲置蒋于死地之阴谋，愿与谈判恢复蒋自由之条件（即六项条件），黄埔系不要受亲日派、阴谋派所愚，并发传单揭破日本与何应钦派联合害蒋之阴谋"。

当天晚上24时，周恩来就正在进行的军事计划致电毛泽东，一共四条，前三条的内容为：

（一）军事计划已照你十九日十二时电商定（电发报二十四号），请即照你十九日十三时电实行，主力十天内集中长武、邠县，再十天集中咸阳、兴平，能快更好，其他尾追与东开部队亦照来电，请勿再改。

（二）此间力求坚守渭南、临潼线待红军来会战。

（三）保卫西安，我正在各方动员。

宋庆龄

潘汉年

在第四条中，周恩来特别强调了红军接防的政策。

根据三位一体的军事部署，红军有南下、东开，支援张、杨部队联合作战的任务，接防原驻军防地之事就会发生。当天，杨虎城特别就洛川地区接防一事发电给洛川行政督察专员曹国华，电报先向曹讲明大义："此次西安救亡运动，目的纯为抗日，因之各党各派凡以抗日为前提者，均得与之联络，增强力量。此后如有与红军交涉事宜，均可以友军视之。接防一事，自应照办。惟其对吾人现在一切行政设施，均须绝对服从，不得干涉。"

而进到甘肃、永昌、山丹一带的红军西路军面临的不是"接防"的问题，而是驻地永昌、山丹能不能守住，下一步行动是向东还是向西的难题。西安事变带来的战场上的短暂平静，在南京政府 16 日颁布讨伐令后，即被马家军的进攻所打破。马步芳的挑衅行为在得到南京政府的公开赞赏后，更加变本加厉，让固守永昌、山丹孤立无援的西路军倍感压力。而张学良鉴于防范胡宗南从西北方向的压力，建议中共方面让西路军东进策应兰州的于学忠部，这让西路军原定的西进计划又生枝杈。当天国民党的《中央日报》刊发国民党中央宣传部发表的"告西北剿赤将士书"，声称"继续遵行中央国策，肃清残匪，勿因陕变影响军事之进行"。文章说得非常清楚，"中央国策"就是"剿赤御侮，安内攘外"，文章仍旧坚持认为"现在剿匪工作已至最后阶段，不久即可收全功。万不能因陕变而荒废"。当日，马家军集中兵力对西路军总部所在地永昌开始了新的一轮强攻，起手第一天就很激烈。

对于杨虎城部下冯钦哉部，南京方面并不放心，对其一直在监视之中。当天，国民党洛阳办事处赖琏在给南京中央党部的第 34 号密电中就反映："飞机侦察报告，本日大荔军队调动甚忙，冯部一团自陕北开回大荔"。"冯钦哉仍未就总指挥职（南京政府任命的渭北剿匪司令），自防地至西安间无军事行动，与于（右任）已有接洽，索款甚多"。而由孔祥熙亲自派往陕北设法营救蒋介石，策反冯钦哉等十七路军将领的张天枢，在见到冯钦哉并面谈后，于当日给孔祥熙发去一密电，反映冯的情况和心境。张天枢在电报中说：

"与钦哉祥商营救介公之策，钦极为热诚，曾迭电杨力争。顷又派陈子坚等赶往西安，照效（19 日）电办法，分别进行。并电话西安处

长，向杨左右运用。顷钦哉电话转杨，谓东邻畏介公成功，某等另有阴谋，均盼介公之不利，且欲利用青年军人之勇气，演成西北大屠杀，造成全国大分裂，势必玉石俱焚，同归于尽，害国害民，莫此为甚，今日中央军又渡河迫我，万望即定挽回良策，以救民救国，而救十七路军与陕西人民。总之，我一不做共产党，二不拥护小张，三不与中央军作战等语。"鉴此，张天枢建议："钧座如能与何、戴请政府派人以相当名义莅陕西，容纳一二，未必非救介公之捷径。再前方迭促钦哉进攻西安，知（按即张天枢）意钦哉拥护中央，营救介公，颇费苦心，留以敷衍杨部，相机运用，堪收事半功倍之效。可否由钧座商何部长，令前方各军，与钦哉部队暂勿冲突，敬祈钧裁。"而背叛张学良、投靠中央军的东北军炮六旅，由于内部军心不稳，带枪驻守洛阳，让祝绍周、刘峙心里不安，最终祝绍周迫使炮六旅自动缴枪，了却了此件担心事。当日，赖琏向国民党中央党部通报事情处理经过，并称"廿一日十四时，该旅即将步枪一千四百支、机枪二十架，自动缴送军校，仅留炮以为士兵操练之用。此事遂尔完全解决，不致再有问题"。

12 月 22 日
星期二

　　宋（子文）等一行抵洛后，子文与蒋夫人先
至军校休息，鼎文自机场径往俞飞鹏（国民政府
交通部部长）寓所，忽表示不愿再飞西安。夫人
闻讯颇怒，谓我以女流尚冒险入陕，铭三（蒋鼎
文）革命军人，岂畏死乎？乃亲至俞处强鼎文同
行，故迟至十五时半始离洛西飞。

　　　　——引自国民党驻洛阳办事处第51号密电

日记西安事变——扭转乾坤的十四天

宋氏兄妹同机飞抵西安，蒋宋夫妇见面涕泪相对
宋美龄见汉卿陈说利害，放蒋归京西安意见不一

　　国民党的《中央日报》当天大字标题刊登"讨逆军继续西进中，冯钦哉部已与董（钊）师会合"。该消息说："董钊督率所部于二十日将华州城克复，叛军两营完全缴械，所获械弹辎重甚多，先头队已达赤水，冯钦哉所部与中央军董师并头西进。"在这个大标题下的最后一条消息报道的是："中委赖琏自陕变起后，即奉中央命，率各部会工作同志十余人来洛视察，连日召集党务及民众团体人员谈话，指导工作颇忙"等。而就是这个国民党中央党部派往洛阳的临时办事处主管，对冯钦哉颇多关注。昨天在给南京中央党部的密电中还反映，"冯钦哉仍未就总指挥职，自防地至西安间无军事行动"，当日又报，"据称冯钦哉已派副师长郭仰汾来潼（关）谒于（右任）、樊（崧甫）及徐庭瑶、商讨讨伐张、杨事宜，于（右任）已派员偕郭赴该部防地宣慰"。赖琏认为，"冯钦哉仍存观望，闻此人性本奸猾异常"。而杨虎城也没有放弃对冯钦哉的争取挽留，当天还致电冯钦哉，向他通报形势，劝说冯坚定立场。电报是这样说的：

　　"兄爱弟爱团体之苦衷，弟深感。午间托子勤带一函，想已阅。子文昨把我们改组政府抗日主张带回南京，当晚南京开秘密紧急会议，决定同我们开始谈判。今日下午宋子文、蒋铭三、蒋夫人、端纳、戴雨农（戴笠）携南京具体意见到西安。第一表示，由二十二日下午起到二十六日下午止，南京军队及飞机一切对我军停止活动，其余关于改组政府，统一战线，外交路线在实行前，双方遵守秘密。惟在此数日内，务请兄严密注意对方军事动作，随时报告，以供参考。尤盼兄沉静处之，万勿牢骚，所来一切代表，完全拒绝。兄常说弟有特识，但弟自命也不荒唐。这次十二日革命举动，完全关系国家民族最后之兴亡，誓必贯彻到底。弟想来看兄，但以时间关系，请兄密约在西安大荔之间一地点见面，弟可把此次前后经过为兄痛陈详细。弟与兄二十多年的患难知交，出生入死者多次。望兄对弟之抗日救亡主张，以坚决之信心，排除万难，驱除一切观念不正确之动摇分子，共同为国家民族求最后之出路。"

当天的《中央日报》报道了在昨天国民党政府召开的总理纪念周大会上国民党主席林森的报告发言，该消息用的题目是"中央明令讨伐叛逆的重大意义"，林森的致词分四部分，即第一，我们站在党的立场上讲；第二，我们站在国家的立场上讲；第三，我们站在民族的立场上讲；第四，我们站在道德的立场上讲；中央明令讨伐叛逆都有重大意义。

根据赖琏的反映，西安事变发生以后不久，南京政府方面即每天都有包括传单、报纸等宣传品运抵洛阳，飞机从洛阳机场起飞，在西安等地散发。当天赖琏在给国民党中央宣传部部长的电报中称"孙铭修同志二十二（日）携宣传品五十袋抵洛，当遵命将《中央日报》检出不发"。

而西安方面出版的报纸《解放日报》，当天全文刊登了 12 月 20 日西北各界救国会致南京政府何应钦劝其翻然憬悟勉全晚节的通电，奉劝何应钦悬崖勒马，弃城休兵，并说："蒋氏（蒋介石）尚有言，谓有吾在，决不使南京与西安发生内战。曾扩情（国民党中央委员，西北剿总政训处处长）氏亦谓，天发杀机，人民涂炭，国家元气凋残，何能共剪仇雠而为民族延一线生机于狼吞虎噬之场？"

当天的《解放日报》同时刊发了 12 月 20 日西北各界救国联合会致南京政府"赴陕宣慰使"于右任，请其自审进退的电文全文。电文认为："南京亲敌政府，民众已经认为必须改组，何能再有资格派宣慰使？"

而民众方面对"代敌人暗作宣传之举，愤慨已极"。

当天的《西北文化日报》大字题目称"南京政变不可避免，各派对亲日派联合总攻"。该消息以特讯的提法报道："南京对西安抗日救国运动意见分歧，始而一再争论，至最近各派对亲日派联合总攻，政变似已难免云。"当天的《西北文化日报》还报道了"军委会成立陕省民运指导委员会，负责人员派定，民运益见开展"。五人委员会的名单为王炳南、苏资深、敖明远、王子安、宋黎，召集人为王炳南。

而有一条重要的消息是西安方面的报纸和国民党的《中央日报》都提及了的。《西北文化日报》对这条消息用的标题是同一号字"宋子文昨飞返抵南京，传闻宋美龄亦将来陕"，而《中央日报》的标题大号字为"宋子文昨由西安返京"，小号字称"返京系迎蒋夫人赴陕"。而根据宋子文的日记记载，他与宋美龄赴西安之行，当日上午才获政府批准。宋子文在当天的日记中写道："晨间，有人将停战条件送我，停战期缩为三天，根本未提停止地面进攻，仅言将停止飞机轰炸，令人不满。我知道，此地之气氛系对我能够回来充满不信任。整个上午，政府要员皆在讨论我们赴西安之事，最终，他们同意，应准许我们去，给出之停战条件亦较前满意。我向蒋鼎文询问有关军情，他称，在12月26日前无论如何不会开战，因为他知军队之调遣与实际投入战斗至少须至12月26日始得完成。"

宋子文的秘书陈康齐对当天上午飞离南京的情形有这样的描述："早上得到消息，我们要再去西安。上午10点，有人通知我们去机场待命。蒋夫人将与我们同行，飞机上要装很多东西，所以我们不得不把我们的行李装到福特号飞机上。上午11点，宋博士与蒋夫人一起来了，他们立即上了飞机。有很多人，还有卫兵或军官们都自告奋勇，要求随大家一道去，宋博士告诉蒋夫人，飞机装不下这么多的乘客，所以命这些人就不要随行了。"

而根据宋美龄的回忆录，当天登机之前还发生过这样一段插曲："时蒋鼎文亦已出陕来京，余念委员长或需军官如彼者为代表，请彼与戴笠偕行。且对西安表示中央之信义，绝不一去不回，稍示怯懦之意。然鼎文夫人方喜其夫得离危城，故力请偕行，坚持不让其夫独冒此险。翌晨，余在机场恳切劝之曰：'余非强蒋主任为余所不愿为者，余一妇人，所冒危险实较汝夫更大。汝夫为军人，其生命本已贡献于国家，汝为一高级军官之夫人，应鼓励而安慰之，此方是汝之本分。"鼎文夫人乃默许余言，慨然允诺，不复悲戚。孔夫人在侧，亦以温言慰之，携之侧立，余等即登机行矣。"

宋美龄在回忆录中说："余登机前，已熟闻各方危机之警告，即余本身，亦详悉西安城中军队之性质。但余启行时，神志清明，镇定坚决，绝无怯意。然冒险而入叛军统制之区域，能了解此危机之巨大者，当时固无人较余更深切也。"

根据宋子文的秘书陈康齐的日记记载，宋氏兄妹和端纳坐在前舱，宋的三个随身秘书、蒋鼎文、戴笠及宋美龄的一位女佣坐在后舱，下午两点到达洛阳。陈康齐写道："宋博士、蒋夫人和几名前来迎接的军官离开机场到某处我们不知道的地方去了。"而宋美龄的回忆录对此有所披露："一星期来，今日独异常晴朗。然机抵洛阳上空，俯视机场，轰炸机罗列待发，心坎突增阴影。余下机与该地中央驻军及空军将领面谈后即登机，坚嘱洛阳空军司令，未得委员长命令，切勿派机飞近西安。"

戴笠

而在洛阳机场，赖琏目睹了这样两个场面并汇报给国民党中央党部。他在 50 号密电中称："蒋夫人、宋子文、蒋鼎文、戴笠、端纳一行五人，十四时一刻自京来洛，停留一时，即

乘原机飞西安。夫人表示，誓随委座不离。戴笠谓家事均已安排，准备牺牲，言时声泪俱下。"而赖琏在接下来的第 51 号电中有这样一段描述："宋等一行抵洛后，子文与蒋夫人先至军校休息，鼎文自机场径往俞飞鹏（国民政府交通部部长）寓所，忽表示不愿再飞西安。夫人闻讯颇怒，谓我以女流尚冒险入陕，铭三革命军人，岂畏死乎？乃亲至俞处强鼎文同行，故迟至十五时半始离洛西飞。"

根据陈康齐的日记"下午三点一行人回来了，我们继续旅行"，陈康齐说："午饭后，蒋夫人借了一个写字板，潦草地写了几句，然后递给端纳，后来有一段时间又写了些，夫人看起来很高兴，好像此行是一个快乐的旅程。"而根据宋美龄的回忆记载，飞机从洛阳启程后，她心情十分压抑，称"及机启飞，余渐感悬悬，不识前途如何"。当飞机快要着陆时，宋美龄写道："余于飞机着陆前，出手枪授端纳，坚请彼如遇军队哗噪无法控制时，即以此杀我，万勿迟疑。余复筹划，面对劫持我丈夫者，应取若何态度；盖余深知成败契机，全在于此瞬息之间。最后决定余对彼等之态度，即使彼等行动暴戾，而余必须强为自制，勉持常态，只有动以言辞，以达余来西安营救委员长之唯一目的。"

根据陈康齐的日记记载："大约下午 5 点，我们的飞机在西安着陆，没人来迎接我们。负责机场的官员给城里打了电话，大约 10 分钟后，少帅和杨虎城来了。少帅立刻登上飞机，面带羞愧地向蒋夫人问候，夫人非常大度，她与少帅和杨虎城握手。"而宋美龄的回忆录中对飞机降落西安机场一段是这样写的：

宋美龄抵达西安机场

"飞机盘旋机场上空，乃未见机场中有迎候之车辆，只有三两守兵木立于其间，继思我等启行时所发之电报或未送达西安，因此折飞西安城上环绕数匝，引起城中注意。俄顷间，乃见车辆继续向机场来矣。"

宋美龄称："机方止，张学良首登机来迎，其状甚憔悴，局促有愧色。余仍以常态与之寒暄，离机时，乃以不经意之语气，请其勿令部下搜查我行装，盖惧紊乱不易整理耳。彼即悚然曰：'夫人何言，余安敢出此！'时杨虎城亦踵至，余坦然与握手，似偶然过访之常客。杨状甚窘，但见余镇定，又显觉释然。车行街道间，初未见意想中之紧张。乃抵张宅，彼即问余是否欲立见委员长，余请先得杯茗，盖欲示意，余信彼为君子，愿以安全寄彼掌握间。此时余忆在京时，曾有人戒余。倘赴西安，不独不能晤委员长，且将被囚作质，丧尽尊严。余固知张之为人，不至如此，今更得证明矣。时委员长尚未知余至，余不愿其延候焦急，故戒勿通报。"根据宋子文的日记记载："抵西安后，我告诉他们先让蒋夫人去照顾委员长，我与张、杨进行了讨论，戴笠与蒋鼎文亦在场。张、杨同意，次日上午，他们将召开一会议，并提交具体建议。"

关于当天与宋美龄见面一事，蒋介石在他的日记中是这样记载的："今日终日盼望飞机声与炮声能早入余耳，以观昨晚张来见时神色仓皇之情状，知叛军必惨败，中央军进展必极速也。不料待至午后，竟寂无所闻；而余妻忽于下午4时乘飞机到西安，乍见惊讶，如在梦中寐。余日前切嘱子文，劝妻万不可来西安，不意其竟冒万险而入此虎穴。感动悲咽，不可言状。"

蒋介石在日记中提到当天早晨偶翻《旧约（圣经）》，看到写有"耶和华今要做一件新事，即以女子护卫男子"。"午后余妻果至，事若巧合"。蒋在日记中记载宋美龄向他介绍了"外间种种情况"，并劝蒋"应先设法脱离此间，再言其他"。对此蒋介石有这样一个表态："吾妻爱国明义，应知今日一切须以国家为重。此来相从患难，亦为公而非为私。如他人或有以非义之言托为转劝者，必严词拒之。余绝不能在此有签允任何条件之事，如余签一字，则余即为违法而有负革命之大义与国

民之付托，且更无离此之希望；即离此，亦虽生犹死也。"宋美龄急忙安慰蒋说："君千万勿虑！君所言者，余知之已审；君之素志，更所深知。余重视国家甚于吾夫，重视君之人格甚于君之生命，余绝不强君有违背素愿之举。然余来则君有共患难同生死之人，君亦可以自慰也。"

宋美龄在她的回忆录中，也详细地描述了他见到蒋介石时的情形。宋劝蒋不要轻言殉国，并说："君之责任乃在完成革命以救国，君更应宝贵君之生命。"宋美龄在回忆录中还有这样一段描述："余复告以感觉劫持彼者已萌悔祸之意，倘处理得宜，或可立即解决。我等目前应自制，应忍耐。吾夫述12日晨经过情形时，感情冲动不能自持，余即温慰之。出圣诗就其榻伴诵读者有顷，始见其渐入睡乡。"

根据宋美龄的回忆录记载，她在见过蒋介石之后，即约张学良进行了一次长谈。宋向张表示："尔等欲恃武力以强迫委员长做任何事，皆无成功之希望。"张学良则表示，此举虽不当，但"唯自信动机确系纯洁"，并一再声称"夫人如在此，绝不致发生此种不幸之事"。张向宋表示："今但求向委员长面陈款曲，一切皆无问题，深信夫人必能助我了此危局。"关于放蒋一事，张学良表示他个人没意见，"唯此事关系者甚众，不得不征求彼等之同意"。听此言，宋美龄即表示："然则速将余意转告彼等。倘彼等欲与余面晤者，可遣之来见；凡委员长所不愿见者，余皆愿代见之，余留此候汝复音。"宋美龄说："我等谈话至此告一段落，时夜已深矣。"

张学良从宋美龄处走后一直在开会，宋美龄则坐等消息，直至清晨二时许，张学良才出现，宋美龄描述此时的张学良"目光疲倦，为状惫甚"。宋急切地问张："彼等何言？"张曰："杨及其部将不愿释委员长回京。彼等言，子文与夫人与我交谊甚厚，我固可自保生命，彼等将奈何？彼等责我使其牵入旋涡。并称所提之条件无一承诺，遽释委员长，岂非益陷绝境？明日将再开会。"余见其疲惫不支，知多谈无益，因曰："已将三时矣。明日可继续再谈，汝当去休息。"

　　而根据宋子文的日记记载，宋于当晚与蒋有一次重要内容的交流，宋在他的日记中是这样记载的："我于晚间拜见委员长，且探其对周恩来求见之看法，然其却言，我应与蒋夫人同去见周。委员长说，我必须要求周同意：（1）取消中华苏维埃政府；（2）取消红军名义；（3）放弃阶级斗争；（4）愿意服从委员长作为总司令的指挥。要告诉周，他一刻亦没忘记改组国民党之必要。他保证将于三个月内召集国民大会，对此，如有必要，他可让蒋夫人出具一份保证。但是，在此之前，他须先召开国民党大会，以还政于民。重组国民党后，倘若共产党服从他如同他们之服从总理，他将同意：（1）国共联合；（2）抗日容共联俄；（3）他将给汉卿发布手令，收编红军，收编人数将视其拥有武器之精良度决定。"

　　根据陈诚的回忆录，当天下午，他见到了蒋鼎文。蒋告诉陈，他是与蒋夫人、宋子文一同乘飞机来到西安的，蒋称"现在大体已有办法，当不致再有大问题云云"。而蒋鼎文不是一个人，身边还有东北军的王以哲和十七路军的孙蔚如。

　　当天晚些时候杨虎城分别致电在蒲城的十七路军军法处长张依中、在大荔的第七军军长冯钦哉和在渭南的十七路军警备三旅张长孙辅丞，告之"昨宋子文返京，政府当局即晚开紧急会议，决定与我方开始谈判。宋（子文）今午同蒋夫人、蒋鼎文、端纳等到省，携有具体意见。对方第一个表示，即为自二十二日下午起至二十六日下午止，南京军队及飞机对我方停止活动。其余办法，正在协商中"。在给孙辅丞的电报中，杨虎城特别强调："此次关系国家民族最后存亡之战争，弟在前防，责任至为重大，务必记着处理一切，尤必须绝对服从指挥官之命令。须知大部队之动作，必须命令统一，弟勿玩忽"。

　　当日杨虎城复电在绥远前线作战的傅作义，对于扣押蒋介石实施兵谏一事，尽管用了"手段容有不当"一词，但坚称"目的至为正大，因为爱护国家，亦所以爱护委座也"。杨虎城表示："和平解决当在不远，至少数亲日派之军人，苟仍执迷不悟，做丧心病狂之恫吓，我辈

为彻底实现抗日计，亦决忍痛与之周旋到底"。杨虎城在电报的最后，再次表达自己此时的心境："只求有利于国家民族，个人成败利钝，非所计及"。

当天国民党中央党部的洛阳办事处非常繁忙，全天共发出密电15个，是自16日以来发电最多的一天，除了大量报道了宋氏兄弟赴陕及途经洛阳的情况外，还涉及各方的军情和政情。

由于达成新的休战，对峙双方战事沉寂，但西安方面的军队调防都在政府军空军的监视之下，连西安城内行人稀少，机场无变动，飞机场积雪甚厚，都在报告之中。当日何应钦在给龙云的一份电报中称，侦察到"七营以南及固原至平凉间，已由赤匪接防，该处叛军均先期南下"。

赖琏的电报反映政府军求战心切，第42号电就称："前方我军军心愤激，尤以黄埔将领桂永清等为最甚。谈判如再迁延，恐将自动西进"。而（洛阳）航空分校主任王勋向赖琏表示："委座如有意外，必主派飞机将西安全城轰炸"。

对于形势的估判，第51号电文反映，祝绍周在给阎锡山的一封复电中说："宋等虽去，张杨既有坚定主张，如非满足欲望，恐难罢休，是祸是福，二十五日当有结果。"

祝绍周

对于西安方面张、杨的关系是办事处关注的重点，在55号电文中，就有这样的情报汇报："张杨虽同床异梦，但近日过从益密，西安政务张全交杨负责。中央任邵力子为陕主席，杨最痛心。变起时，杨军将省政府、省党部、公安局、保安处捣毁一空。张常见委座，杨常避开，闻于学忠、王以哲虽在西安，似未附逆。"而在昨天的第36号电中，赖琏还反映"张逆对委座表面上仍极恭顺，谈话时直立不坐"。

赖琏在当天 50 号电文中还反映，蒋夫人途经洛阳时，祝绍周曾亲拟一函，劝蒋夫人留陕为质，使领袖早日出陕，并准备以身殉国，流芳千古，函草经人劝阻，未交蒋夫人。

提到于右任这位"赴陕宣慰使"，42 号电文反映，"张杨十九日电复于右任，态度仍甚强硬，甚至有拒绝宣慰之语"。

而对于阎锡山出面调停的方案，当天何应钦在给龙云的电报中则说："阎主任拟派赵次陇、徐次宸赴西安，因张（学良）无切实诚意表示，闻已中止"。

阎锡山一直是中共和张、杨方面盼望能够合作的对象，曾寄予厚望。当天毛泽东还致信阎锡山，希望他能够为和平解决西安事变问题出力。毛泽东在信中说："敝方为大局计，不主决裂，亦丝毫不求报复南京，愿与我公及全国各方调停于宁、陕之间，诚以非如此则损失尽属国家，而所得则尽在日本。目前宁军攻陕甚急，愿我公出以有力之调停手段。"信中还提到："如何使晋、绥、陕、甘四省亲密团结，联成一片，俾对国事发言更为有力之处，敬祈锡示南针。"

当日，毛泽东复信中华民族革命同盟诸先生，向他们陈述中国共产党抗日救亡的主张并望成立联合阵线。信中说："来信问到红军在西北的战略企图，我们告诉你们，红军的唯一企图在保卫西北与华北，目前是集中于陕甘宁地区，首先求得国民党军队的谅解，在合作基础上共同进入抗日阵地，舍此并无其他企图。""当此国亡无日之时，我们的志愿是抗日救亡，也仅仅在于抗日救亡，各方虽尚有若干对我们怀抱疑虑的人，但悠长的岁月将证明我们所说的就是我们所做的。""希望双方结成坚固的阵线，为驱逐日本帝国主义而斗争到底，并望你们推动各方首先是晋绥当局迅速执行抗战并成立各派的联合阵线，我们亦正在向各方面这样去做。"

当天毛泽东致电周恩来，通报红军进军和陕北苏区恢复情况：红军

正向南急进，20天内准可集中咸阳。罗炳辉、萧劲光、谢嵩三部钳制胡宗南，必要时宋时轮部也加入。陕北苏区均恢复，瓦窑堡、延川、延长、延安四城均入我手。周恩来随后给毛泽东回电："张、杨及左派闻红军东来，均甚高兴。我军到邠州（今彬县）后，不要十天即可到达咸阳，请令彭（德怀）任（弼时）将日期缩短。"

12 月 23 日
星期三

　　（设计委员会）一致的决定是"没有保证，蒋不能走"。还有个别激烈分子说："西安事变是大家提着脑袋干的，不是张杨两个人的事情。他们想提就提，想放就放，不行！现在蒋介石还在我们手心里，不听我们的话，我们干脆先把他干掉！"

　　——引自设计委员会成员申伯纯《西安事变纪实》

宋氏兄妹与张杨周会晤，和解条件基本达成共识
如何放蒋成为最大焦点，汉卿欲送蒋更成导火索

　　根据宋子文的日记记载，昨天再次回到西安的宋子文，即斡旋于张、杨与蒋介石之间。张、杨同意当天将召开一会议，并提交具体方案。当天，张、杨向宋子文提交了一个建议，双方的谈判拉开序幕。

　　宋子文在当天的日记中写道："张、杨交予我们的建议为：由委员长出面，即刻在西安召集一由朝野各界官员名流出席之大会，这些人应包括陈果夫、李（宗仁）、白（崇禧）、李济深、冯玉祥、孙夫人、韩（复榘）、宋（哲元）、刘湘、宋子文、张学良等。俟大会做出决议，委员长可离开西安。另有一种选择，就是大会在太原府召开，但在此期间委员长要留在西安。会议的议题为落实17日曾与委员长讨论过的四项条件。"

　　宋子文说："我对如此条件甚感失望，因为我了解南京方面的态度，他们不会接受。但是，我想我们自己可经讨论提出反建议。我与戴（笠）及蒋铭三谈及此事，我们同意提出如下反建议报委员长批准：

　　一、不召开名流与政府官员参加之大会。

　　二、改组政府，排除亲日派。

　　三、释放在上海被捕七人。

　　四、强力保护国家利益之政府一旦组成，中日战争将很快爆发，只要战争爆发，将自动废除塘沽何梅察北协定。"

　　接下来与周恩来的会谈，宋子文日记中是这样记载的：

"委员长让我与汉卿一道去见周恩来，但主要是听他讲，随后让我跟蒋夫人商量。周称，在陕、甘地区，国军屯兵 50 万围剿中共，仅遣往绥远的两个师未参战，而中共此时已在其致国民党的宣言中同意放弃（赤色）宣传，原则上同意取消苏维埃政府及在中央政府的领导下作战。若委员长同意抗日，中共可不要求参加改组后的政府。中共将为共同的事业而战，然红军的人数不应仅限定在 3000~5000 人之间。陈立夫已经代表委员长同意，红军可拥有 3 万人。"

宋子文认为："中共欲保留其军事系统，此亦应不困难，因不管怎样，在委员长自己的系统外，已有如此多其他军事系统。"宋子文接着写道："中共同意于国民大会召开时参加大会，以一个民主之中央政府来取代中华苏维埃政府。同时，他们亦将承诺放弃（赤色）宣传与停止向目前苏维埃政府控制以外的地区渗透。他们知道委员长有抗日之心，然其目前的做法不利开展有效之抗日。他们欲支持者非委员长个人，而系出于民族之大义。他们认为委员长虽赞同联俄，但却拒绝容共。他还多次提到委员长周围之亲日派。他说，上述这些条件合情合理，与数月前向国民党方面所提条件完全一样，他们并未因西安事变而增加一丝筹码。宋子文说，周恩来愿意会见委员长，"欲使其明白，委员长所建议的办法很难向人民解释。他称，就在中共与张、杨诸人一起竭尽全力，以图结束西安事件时，他知道，南京有些要员正摆酒设宴，拉帮结派，准备夺权，企盼委员长永不返回"。

而作为中共代表团机要秘书的童小鹏，对当天的谈判是这样记载的："23 日上午，正式谈判开始，地点在张学良公馆中楼二层，蒋方由宋子文代表，西安方面由张学良、杨虎城、周恩来三人出席。我们住在东楼，只看见这天张公馆戒备森严，有点神秘气氛。有几部汽车进来，似有重要人物在这里开会。事后才知道，谈判一开始，先由周恩来发言，他谈了中共和红军的六项主张：

一、停止内战，南京方面撤军至潼关以东；

二、改组南京政府，排逐亲日派，加入抗日分子；

三、释放政治犯，保障民主权利；

四、停止剿共，联合红军抗日，允许中共公开活动；

五、召开各党各派各界各军救国会议；

六、与同情抗日的国家合作。

以上六项要蒋接受并保证实行，中共和红军赞助他统一中国，一致对日。张、杨同意周恩来提出的六项主张，并主张以它作为谈判基础。宋子文表示个人同意，并答应转达蒋介石。"

当天周恩来在给中共中央的电报中说："蒋暗示宋（子文）改组政府，三个月后开救国会议，改组国民党，同意联俄联共。"并提及"今日我及张、杨与宋谈判。第一部分我提出中共及红军六项主张（即中共中央12月21日给周恩来电报中提到的六个条件）。"关于第四项"停止剿共，联合红军抗日，共产党公开活动"，周给中央的电报中还特别加以说明："红军保存独立组织领导，在召开民主国会前，苏区仍旧，名称可冠抗日或救国。"

周恩来的电报就此项主张说明："以上六项要蒋接受并保证实行，中共、红军赞助他统一中国，一致对日，宋（子文）个人同意，承认转达蒋。"

当日上午，宋子文的秘书陈康齐奉命到会议所在地办一公务，他在日记中有这样一段描述：

"上午大约10点，我们接到少帅府打来的电话口令，让陈凤扆和我立刻赶到那里。街上一切正常，快到少帅府时，道路被铁丝网和沙袋封住，只留有一辆轿车通过的空当。卫兵盘问我们的司机，当我们向其解释了我们此行的使命时，他们给我们放行。临近少帅府时，我们看到了更多的铁丝网和沙袋。在一些战略要点地带，都布置了中型的机关枪。进入少帅府后，我们被带到会客室。宋博士进来，带给我们一封电报，让我们编码。完成编码后，我们被送回宾馆。"

双方的谈判下午继续，宋子文在日记中写道："下午，张、杨、周恩来与我会面，讨论新内阁人选，彼等一再劝说由我组阁，但是，我告诉他们，出于政治及个人原因，我绝对不会领导现在之内阁，且亦不会参加。他们坚持让我执掌财政部，因为那样他们就会对获取其日常之开销有信心。他们对外交部部长人选不能为亲日分子亦甚关切，我与他们讨论了几名人选，我建议由徐新六来担任。徐系一热情民族主义者，同时本人又未有如此多色彩，因而不会让日本人解释为：他的任命即意味战争之来临。关于军政部部长，他们建议，此人不应有名无实，而应是委员长真正可倚赖者。因为亲日，交通部他们不想要张公权担任，而海军部他们亦不愿由陈绍宽担任。"

关于改组南京政府的讨论，周恩来是作为给中共中央电报的第二部分内容提到的，用的题目是"宋（子文）提办法及讨论情况"。此部分电文如下："宋提议先组织过渡政府，三个月后再改造成抗日政府。目前先将何应钦、张群、张嘉璈、蒋鼎文、吴鼎昌、陈绍宽赶走，推荐孔祥熙为院长，宋子文为副院长兼长财政，徐新六或颜惠庆长外交，赵戴文或邵力子（张、杨推荐）长内政，严重或胡宗南长军政，陈季良或沈鸿烈长海军，孙科或曾养甫长铁路，朱家骅或俞飞鹏长交通，卢作孚长实业，张伯苓或王世杰长教育。我们推宋庆龄、杜重远、沈钧儒、章乃器等入行政院。宋力言此为过渡政府，三个月后抗日面幕揭开后，再彻底改组。我们原则同意，要宋负责，杜、沈、章等可为次长。"

在与张、杨、周谈了一整天之后，宋子文与宋美龄一起，将情况汇报给蒋介石。根据宋子文的日记，蒋介石做了如下的答复：

一、他将不再担任行政院院长，拟命孔博士担任，新内阁绝不会再有亲日派。

二、返回南京后，他将释放在上海被捕之七人。

三、1. 设立西北行营主任，由张负责。

2. 同意将中央军调离陕、甘。

3.中共军队应当易帜，改编为正规军某师之番号。

4.中日一旦爆发战争，所有军队一视同仁。

四、1.派蒋鼎文将军去命令中央军停止进军。

2.将与汉卿讨论双方共同撤军，在离开西安后，他将发表手令。

宋子文说，他将蒋介石的"口述答复交予张、杨及周，他们似甚为满意"。而周恩来在给中共中央的电报中还提到两点，一是"宋提议由蒋下令撤兵，蒋即回京，到后再释爱国七领袖。我们坚持中央军先撤走，爱国领袖先释放"。二是"我们提议在这过渡政府时期，西北联军先成立，以东北军、十七路军、红军成立联合委员会，受张领导，进行抗日准备，实行训练补充，由南京负责接济。宋答此事可转蒋"。

显然，在这两点上，蒋的答复与张、杨、周的提议有出入，因此周恩来在这封电报的最后说："在蒋同意上述办法下，我们与蒋直接讨论各项问题（即前述六项）。宋答可先见宋美龄（子文、学良言她力主和平与抗日）。如你们同意这些原则，我即以全权与蒋谈判，但要告我，你们决心在何种条件实现下许蒋回京，请即复。"

当天，周恩来还就成立西北联军的问题，专门给中央书记处发去一封专电予以说明，电文一共有十一点，周恩来在电文的前两点谈了对外宣布成立联军的意义和时机。周说：

西北联军局面，张、杨及其部下左派均望早日宣布以坚定内部（有成为闽变之续者），影响国内（李、白、刘湘均以此观望），其办法完全同意我们的提议。我因顾及外交及缓延内战，故主张暂缓发表，但红军现向西安附近集中，迟早必须宣布。我提议：

（甲）红军过邠县后，应即对外发表宣言。

（乙）东北军、西北军、红军三方面亦应发表联合宣言，说明联合抗战保卫西北的意义，并坚决抗拒企图侵占西北、破坏统一战线的任何敌人，最后宣布成立抗日联军西北军政委员会，并推举张为总司令统一指挥。此电稿请即拟定告我，以便磋商。

周的电报后几点是红军方面推荐的人选和一些具体问题。

（丙）抗日联军西北军政会我方推毛、朱、周、彭、贺、刘、宋、宋。

（丁）红军即为抗日联军第三集团军，总司令朱。

（戊）军政会参谋长拟推剑英（张要他）。

（己）军政会下各种组织，我方应准备伯渠、尚昆、瑞卿、季壮来参加。

（庚）红军加入抗日联军后，其给养薪饷补充应有初步改变，并由西北军政会统筹。

（辛）地方武装一概以抗日义勇军名义出现，其供给仍由地方筹给。

（壬）在全国民主政权未建立前，苏区政府仍旧只名言上冠以抗日字样。

（子）红军在抗日地区行动的政策请考虑我前电建议，速定出宣布。

（丑）在抗日联军宣布后，共产党应在群众中公开活动。

周恩来这封电报的最后写道"以上各项，速审后复"。

根据童小鹏的回忆录，周恩来于 23 日、24 日曾两次会见宋美龄，第一次还进行了长谈。周恩来首先说明中共没有参加兵谏，主张和平解决这次事变。接着，他讲了中国革命历程的艰难曲折，指出从"九一八"事变后，民族矛盾上升为主要矛盾，中共希望团结抗日，1935 年提出抗日民族统一战线，以后又变抗日反蒋为逼蒋抗日。但蒋介石对团结抗日要求始终置之不理，当前是改变政策的好机会，希望他

们兄妹劝蒋。宋美龄说：既然中共有诚意，应该在政府领导下，共同努力。周恩来回答：只要蒋先生同意抗日，中共拥护他为全国领袖。

宋美龄在他的回忆录中，是这样提及与周恩来会见的，她说："我等此次到陕，尚未闻赤祸之威胁，有如外间所传之甚。曾有人向我等申述，共党无劫持委员长之意，且主张立即恢复其自由。然我辈不能健忘彼等过去残酷之行动，今虽一时沉默，仍未减其威胁之危险性。更有人告我等，彼等早已放弃其昔日之政策与行动，然我亦不愿信此无稽之谈也。"

有此文字铺垫之后，宋美龄才提及张学良向她介绍："一参加西安组织中之有力分子来见，谓此人在西安组织中甚明大体，而为委员长所不愿见者。余与此人长谈二小时，且任其纵谈一切。"宋美龄写道："彼详述整个中国革命问题，追溯彼等怀抱之烦闷，以及彼等并未参加西安事变，与如何酿成劫持委员长之经过。余注意静听，察其言辞中，反复申述一语并不厌赘，其言曰：'国事如今日，舍委员长外，实无第二人可为全国领袖者。'述其对于国防上所抱之杞忧，亦喟然曰：'我等并非不信委员长救国之真诚，惟恨其不能迅速耳。'"

"余俟其言竟，然后温语慰之曰：'青年人血气方刚，每病躁急。中国为一古国，面积之大，人口之众，领袖者欲求成功，理当作合理之进步，安可求快意于一时。更有进者，领袖之实行其理想，绝不能超越群众之前而置群众于不顾，尤当置意于经济问题之重要。'彼言经济实为国防最重要之部分。余复言：'汝等若真信委员长为全国之领袖，即当遵从其所主张之政策；不然，则混乱扰攘，国家与民族更受巨大之损失。若欲达同一目的，固可遵由不同之路线；然既择定一途，即当坚持不舍。不负责任与不重程序漫无计划之行动，必无达到目的之一日。我人对领袖既信任其有达此目的之诚意与能力，则唯一之道，即矢我等忠诚，步其后尘而迈进。'彼又言，此次兵变实出意外。余又告之曰：'如此小规模之政变，彼等尚无力阻止其流血与暴行，又安能自信其有主持国家大政之能力耶？'彼又言，彼等崇敬委员长十年如一日，未改初衷，奈委员长始终不愿听彼等陈述之意见何。谈话结果，彼允劝告杨虎城早日恢复委员长之自由，并约次日再见。"关于周恩来与宋美龄的这次交谈，宋子文的日记也有记载："当日深夜，周拜访了蒋夫人，同时他亦与委员长简单寒暄了几句。"

当天宋美龄主要是陪伴蒋介石，宋美龄说："余全日出入室中，每有新转变，辄报告委员长。"蒋介石在当天的日记中有这样的记载："与余妻研究此次事变之结局，觉西安诸人心理上确已动摇，不复如前之坚持；但余绝不存丝毫侥幸之心，盖唯以至不变者驭天下之至变，而后可以俯仰无惧，夷险一致，且为战胜艰危唯一之途径也。妻欲余述总理在广州蒙难之经过，余为追述之。妻谓余曰：'昔日总理蒙难，尚有君间关相从于永丰舰中，相共朝夕，今安从更得此人？'余告之曰：'此无足异，情势互不相同，来此均失自由，即赴难亦何益。且余知同志与门人中急难之情，无间遐迩，非不欲来也。余虽无赴难之友生，而君数千里外冒险来此夫妻共生死岂不比师生同患难更可宝贵乎？'"

宋子文当天马不停蹄地穿梭于谈判桌与蒋的居所之间，蒋介石在日记中提及："是日，子文与张、杨诸人会谈约半日，对于送余回京事，

中共代表团主要领导周恩来（右）、叶剑英（中）、博古（左）

众意尚未一致。夜子文来言，谓："当无如何重大之困难，绝当做到不附任何条件而脱离此间，誓竭全力图之耳。"

而周恩来到西安的消息，此时南京政府也已获悉。当日，何应钦在致龙云的一封电报中提及："肤施（延安）县长高锦尚称：驻肤施之张学良部元日（十三日）向南撤退，耸言奉命将肤城交红军接防。同时，有巨型飞机一架，由西安飞到肤施，内载张学良之秘书刘鼎，到后即派人往接赤匪代表周恩来至机场，同乘飞机赴西安。"

其实南京方面有所不知，中共代表团的另外两位领导人博古和叶剑英当天也来到西安，协助周恩来工作，他们的分工是周负责上层统战和群众团体工作，博主持党内工作，叶参加西北联军参谋团的工作。

根据陈诚的回忆录记载，当天张学良向他通报了西安方面与南京方面会谈的情况，陈诚写道：

"12月23日，今日张告余与一民，谓蒋夫人及子文来陕后，彼此讨论甚久，虽众意尚未一致，而大致已有端绪，其主要条件为中央军退出潼关，改组南京政府，释放在上海被捕之各爱国领袖，召集全国救国会议等等，并谓委座脾气已经稍好，我等主张已大致允办云云。余等念彼此讨论之说，事或有之，至谓委座已允接受彼等之主张，则始终不信。最后张复谓余，将来组织国防部，委座已指定由你负责，此职重要，不可大意，言毕即去。"

有材料说，23日这天，张、杨、周及东北军、十七路军的高级将领举行了一个会议，会上张提出放蒋的问题，并表示要亲自送蒋回南京，并强调只有这样做蒋答应的事才不至于反悔。但由于蒋未做文字上的保证，参与兵谏的军官都不同意无条件放蒋，杨虎城则认为放蒋必须有条件，而且再三表示，放蒋是重大问题，必须三方都同意，才好向部队和西安人民交代。

根据申伯纯的回忆录，他作为成员之一的设计委员会（成立于事变之初，是事变的政治设计机构，研究张、杨交办的事宜，召集人是高崇民）。在听说西安与南京方面的谈判很快就要结束，蒋也将在近期释放，于是委员会决定于当天下午召集了一次会议。申伯纯在回忆录中写道："23 日下午，设计委员会开会了，会议由高崇民主持，出席的人有杜斌丞、申伯纯、王炳南、应德田、卢广绩等人。会议一开始，空气就很紧张，主要讨论以下两个问题：第一，应该向蒋、宋提出什么条件；第二，在什么具体保证之下才能放蒋。第一个问题大家并不重视，认为蒋、宋现在什么条件都是可以答应的。要紧的问题是，如果没有具体保证，只凭空口说白话，就把蒋放走，万一将来他不认账怎么办？所以大家着重讨论第二个问题，就是要有具体保证以后，才能放蒋。要什么具体保证呢？有的说，要他们先把潼关以内的军队撤出潼关，使我们先免去军事威胁。有的说，要他们先释放上海被捕的爱国七君子，以取信于全国人民。有的说，要阎锡山出来做保证人，并将潼关到洛阳之间划为缓冲地带，由山西军队驻防，中央军撤到洛阳以东，使蒋介石想报复也报复不了。大家都同意这些意见，一致的决定是'没有保证，蒋不能走'。还有个别激烈分子说：'西安事变是大家提着脑袋干的，不是张杨两个人的事情。他们想捉就捉，想放就放，不行！现在蒋介石还在我们手心里，不听我们的话，我们干脆先把他干掉！'会议讨论到此结束，大家的意见由高崇民去向张杨汇报。"

张学良听了非常着急，害怕闹出大乱子来，杨虎城听了默不作声。周恩来很重视这种情况，赶紧找张学良，建议张找这些人开个会，好好地向他们进行说服解释。"

作为高崇民的儿子高存信——在他的回忆录中所提到的"个别激烈分子"即应德田。

应德田时任西北"剿总"少将政训处处长（西安事变后改称为政治处）东北军抗日组织"抗日同志会"书记，与张学良情同手足，是张学良最依赖的部下之一。但应德田坚决反对无条件放蒋和张学良亲自送蒋回南京的做法，当晚，应德田面见张学良，表达自己的反对意见。

张学良说："你的看法，我觉得不对！你们提出的保证，他不见得能答应，即使勉强答应了，也不是甘心情愿的，而是被逼迫的结果。你想，这样的保证还有什么可靠性？有什么价值呢？从一开始，他就声明他不在谈判的决定上签字，以个人的人格做保证，你硬逼着他签字，以为签了字就万无一失了吗？他回去以后想撕毁还不是一样可以撕毁！现在他在这里，他命令中央军退出潼关，何应钦不见得一定服从，我们强迫他下命令，他下了，何不听，我们又能有什么办法？就是何应钦执行了，兵暂时退了，他一回南京，重新下令出兵，兵又开回来了，我们怎奈何于他？释放上海七君子的问题，也是如此。要知道，我们做事，必须能放能收，自己做的事必须自己了，不能两手捧着刺猬放不下。"

关于他要亲自送蒋介石回南京，张学良对应德田是这样解释的："委员长是领袖，他有领袖的人格，有可靠的信用，有崇高的尊严。我们这次发动事变，对他的打击太大了，我们说抓就抓起来，说放就叫他一走了事，他还成什么领袖？这还成什么体统？这使他以后怎么见人，怎么办事？要知道，我们今天不但应当好好地放他回去，而且以后还拥护他做领袖，所以我必须亲自送他去，使他能够保持威信和尊严，好见人，好办事，不致使他感到难堪，不致对我们再存怨恨和戒心。这样，他所答应的条件就不至于反悔了。"

对于应德田担心蒋介石会扣留自己的想法，张学良也有他的认识，张说："照你这么说，为了避免他扣留我，就只有不送了。但是，他是领袖，以后开会、办事，我怎么能老不去见他？他邀请我去南京，我能回避吗？他不是一样能采取措施扣留我吗？他若决心扣我，迟早他都能办到，如果我因此而畏首畏尾，我以后简直无法和他共事了。怕危险是不行的，不怕危险也许能免掉危险。"

张学良最后安慰应德田说："你不要固执了，我走后，大家要好好团结，我想，我几天之内就能回来。"

此时，更让张学良担心的是怕自己的内部出问题，他在与应德田的谈话中就提到："你知道，我们内部也有问题，杨主任方面的冯钦哉就靠不住。"张学良心里清楚，时间拖长了，万一出了岔子，非同小可啊！

当天，国民党《中央日报》以"讨逆军直指渭南，冯（钦哉）部与中央军取包剿势"为题报道：冯钦哉 22 日在固市就讨逆军司令，率部向渭南推进，并与中央军在赤水部队会合，对叛军取包剿形式。这一天也是冯钦哉与杨虎城决裂的关键一天，据陈诚在 1937 年 1 月 7 日给蒋介石的一封电报中披露："廿三日，杨派其军法处处长（张依中）密带刺客十余人，至大荔图谋刺冯，并策动冯部叛变，被冯发觉，将军法处处长枪毙。"

对于加强十七路军的工作，周恩来在征得杨虎城同意后，曾建议派南汉宸去杨处协助工作。当天，毛泽东致电南汉宸，毛在电报中指出："因十七路军不巩固，极须大力进行政治工作，杨虎城极望兄回帮助。""兄至十七路军，应坚定其军政干部抗日救国、联红联共、不怕牺牲、直干到底之决心，并发展党的组织，争取十七路军变为真正的人民抗日军。"

而国民党洛阳办事处赖琏在当天给南京中央党部的第 60 号密电中称："今日西安空气恶劣，四处开民众大会，全为共党策动，并派学生赴大荔向冯钦哉部宣传，冯态度暗（暧）昧，仍无西开准备。杨虎城比前更强硬，自称并无错误，愿蛮干到底。"当天《中央日报》报道，"汪（精卫）主席昨启程回国"，"行前

汪精卫

谈返国以后，当努力挽回危局"。离开欧洲前，汪还放风称"本人决心反共到底，与南京抗日派决不妥协"。当日驻日大使许世英致电孔祥熙，反映"广田（日本首相）本日（二十三日）在枢密院会议报告，对西安事变决采不干涉方针，倘国府与张学良以容共为妥协条件，日本则断然抨击"。

12 月 24 日
星期四

晚上，张（学良）告诉我，他与杨（虎城）发生激烈争吵。（杨指责称）你发动了政变，在未获任何保证下，而今你竟允委员长离去，他定会让你我人头落地。张说，他个人对政变负完全责任，如果他们接受他的领导，一切均会好转，若否，则尽可开枪将他打死。……杨大为不满地离去。

————引自当天宋子文日记

众说纷纭西安局势微妙，周恩来再度拜会宋美龄
张学良执意送蒋劝部下，宋子文奔波各方费心机

根据申伯纯的回忆，当天上午张学良、杨虎城、周恩来与宋子文、宋美龄继续谈判，谈判达成如下十条成果：

一、孔宋组院（行政院），宋负绝对责任，保证组织满人意，政府肃清亲日派；

二、撤兵及调胡宗南等中央军离西北，两宋负绝对责任，蒋鼎文即携蒋（介石）手令停战撤兵；

三、蒋允归后释放爱国领袖（七君子），西安方面可先发表，宋负责释放；

四、目前苏维埃、红军问题，仍归两宋担保，蒋确定停止剿共，并由张负责接济（宋担保周与张商定多少，即给多少），三个月后抗战发动，红军再改番号，统一指挥；

五、宋表示不开国民代表大会，先开国民党中央全会，开放政权，然后再召集各党各派救国会议，蒋表示三个月后改组国民党。

六、宋答应一切政治犯分批释放，与孙夫人宋庆龄商定办法。

七、抗战发动，共产党公开。

八、蒋回后发表通电，自辞行政院院长。

九、外交政策：联俄并与英美法联络。

十、宋要求：蒋下令停战撤兵后即日回南京。张同意，杨、周允再考虑。

根据申伯纯的回忆，当天下午张、杨因各自有事处理，委托周恩来继续与宋氏兄妹交流，在周恩来与宋子文会晤中，宋表示要求中共为他抗日反亲日派做后盾，并派专人赴沪，与他保持经常的秘密接洽。周恩来年谱中也提到："（宋）提出暂不开国民代表大会，先开国民党的会议，改组政权，说回去后与孙夫人（宋庆龄）商量释放政治犯的办法，并表示南京政府每月可给红军苏区五十万元的经费。"

而宋子文在他当天的日记中，未提及当天上午与张、杨、周的这次谈判，而是接着昨天的日记提及张学良将在当日召开一个军事委员会会议研究蒋的答复，宋子文是这样描述此次会议引起的反响。

"在西安军事委员会会议上，上述条件引起轩然大波。多数人坚称，在委员长离开西安前，若非全部，至少亦应履行部分条款。我解释道，在目前南京已知局势下，委员长返抵南京前，将不能有任何作为。他们如欲支持委员长作为国民领袖，以捍卫国家，则他们必须对他施以绝对信任，不能损害其威信。我甚为了解，无论如何，在其返回之前，他宁愿去死，亦不会采取其中任何一项措施。席间更有谓举行二次革命者，反对张（学良），指其过于犹豫不决，为我轻易劝服。张经与我讨论，召集其中态度最激烈者予以训话，谓尽管他们必须承认方法错误，然其动机善良。难道他们不想由委员长领导去打日本吗？若否，则他们早在11日就应将他开枪打死。若是，则他们就应付出风险，仅以口头承诺，放委员长走。而且，他们发动兵变之时，他已明言，他们在冒掉脑袋的危险，任何人任愿退出，难道他们尚有其他办法以疏解时局？谈话回来后，他自认已说服了他们。"

宋子文在日记中提及的张学良"召集其中态度最激烈者予以训话"，可能指的就是当日下午二时，张学良在金家巷他的办公大楼中的小客厅里，召集前一天参加设计委员会会议的人谈话一事。根据申伯纯回忆，张学良在简单扼要地根据双方谈判的内容做了说明，并透露了准备放蒋，他本人打算亲自送蒋回南京的考虑后，严肃地对到会的人说："听

说你们昨天开会，也有一些意见。这些意见你们可以向我提，但是我现在要警告你们，不许你们在外边随便乱说，尤其不许你们任意胡闹，这是关系国家民族命运的天大的事，做错了一点，我们担不起。你们有什么意见，现在可以当面和我说。"

申伯纯回忆当时的现场情况："张讲完这段话后，用期待的目光注视大家，等候大家说话。这些人在这时候反都沉默起来了，面面相觑，谁也不先讲话。过了好几分钟，才有人说：'副司令所说的蒋、宋答应我们的这些条件，究竟有什么保证没有？他们将来说了不算怎么办？'张马上就显得神情紧张，用很急促的语气连着向着说话的人问道：'你们要什么保证？你说！你说！'说话的人被张这么一逼，也有些紧张，于是就把昨天大家所提的保证意见——讲了出来。

"张听了所提的保证的意见以后，就很诚恳而又很自信地向大家说：'你们所提的这些意见，我都考虑过，都是行不通的。'"

而张讲的一番道理与昨天晚上他给应德田说的基本是一样的，申伯纯记得，对于有人提出请阎锡山出面来当保人一事，张学良说：

"至于提到要阎锡山来做保证人，那更是不可能的。我们是'好汉做事好汉当'，自己的事儿自己了。我们不请客，更不请阎锡山那样的客。在西安事变以前，我们联共抗日的一些情况和主张，是同阎锡山说过的，他也曾向我们表示赞成和支持的。这次事变发生之后，我们打电报告诉他，向他请教。他回电向我们提出好几个'乎'，什么'促进抗日乎，破坏抗日乎，停止内战乎，扩大内战乎'，最后并质问我们'何以善其后乎'？只是满篇责备，毫无半句同情。他把给我们的电报，又送到南京的报纸去发表，不知道他脑子里打的什么算盘。这样的人我们不同他共事，不让他投机取巧找便宜。"

谈及他准备亲自送蒋介石回南京，张学良认为，"我这着比你们想得高，这一着是要抓住他的心"。像昨天给应德田解释的一样，他向大家解释道："你们要知道，这次事变，对蒋是个很大的打击，我们现在不但要放他走，而且今后还要拥护他做领袖，还要同他一起共事。所以现在我们万不能再难为他，我们要给他撑面子，使他恢复威信，今后好见人，好说话，好做事。我亲自送他就是这个意思，并且我亲自送他去，也有向他讨债的意思，使他答应我们的事不能反悔。另外，我亲自去也可以压一压南京反动派的气焰，使他们不好再讲什么坏话。总之，做人情要做到家，同人家合作也要合作得彻底。我在这个问题上比你们想得深，想得高，你们这些人都要听我的话，都要受我领导，不许乱说胡闹。"

根据申伯纯的回忆，"现场最后有人问：'红军方面和杨虎城是什么意见？'张的回答是：'红军的态度比我们还软，杨主任虽有些不同意见，但是他是顾全大局的'。张学良把话说到这份儿上，会上没有人再表示反对，但大家的看法并不像张学良所认为的'他自认已说服了他们。'"

根据申伯纯的回忆：高崇民在会上对张学良的意见是不同意的，但不好当面争辩。当晚他用个人名义写信给张，反复说明无保证放蒋的危险性。同时，东北军和十七路军两方面的高级将领也在当夜联名写了一封给宋子文的信，信上提出：商定的问题必须有人签字，并且首先必须将中央军撤出潼关以东，才能让蒋走，否则虽然张杨两将军答应，我们也誓死反对。张学良的卫队营营长孙铭九等人也不同意张的意见，劝张在放蒋问题上取慎重态度。张对孙铭九说："人家是委员长，我不送他回去，叫人家怎么领导抗日。我抓了他，现在送他回去，是'一抓一送'，到了南京，他再送我回来，也是'一抓一送'，这岂不成了千古美谈。"孙铭九虽然觉得这样放蒋不妥当，但张的态度坚决，也就无话可说了。

对于日趋紧张的气氛，宋美龄在她的回忆录中有这样一段描述："此后数日，令人焦悚之问题益多。盖疑惧之军官，因急欲保证其本身之安全，随时有囚禁我等之可能。因此人抱不安，空气益呈沉默之紧张，剧变之发生，固意中事即屋外监视之卫兵，似亦受此种心理之影响，盖当

子文与余往来各室，与诸人会晤时，彼等咸现探询究竟之目光。余与子文唯一可以暂弛神经之法，为散步于积雪之前院中。院中各处皆有荷轻机关枪之守兵，日夜巡逻，以防外人之擅入；而院墙之外，更有大队之守兵，以防委员长之出走。"接下来，宋美龄写道：

"是日，子文正往各将领间，作多方面之接洽。各方说辞纷至沓来，所谓'最后要求''最后论据'竟层出不穷，说服其一，第二、第三乃至十余种之'最后'与'不可能'者接踵而来。然就西安军人之心理观察之，盖皆惧遭国法谴责之闪避行为耳。我等此来实已造成彼等内部之分裂，端纳入陕，张学良即招群疑；自子文及余与彼谈话后张坚主立释委员长，西安将领竟目彼为'我方之一分子'矣，于是欲将彼与我等一网打尽之危机益迫。此所以各将领每次开会议决之办法，散会之后，突起疑团，于下次开会之时又全盘推翻，坐致一无成就。怀疑顾虑，笼罩一切，似已无止境可寻。"

而蒋介石在当天的日记中也有宋美龄回忆录中类似的记载：

"西安诸人中对昨与子文所谈忽有提异议者声明中央军未撤退潼关以前，决仍留余在西安。子文甚不怿，余坦然置之，不以为意。以本不作脱险之想，亦无安危得失之念存于此心也。旋彼方'西北委员会'中激烈分子，又提出七条件，嘱子文转达。子文决然退还之，谓：'此何能示蒋先生？'已而张汉卿果出面调停，谓：'不能再弄手段，否则张某将独行其是。'遂又将所谓条件者自动撤回，一日之间变化数起。至夜间，又闻杨虎城坚决不主张送余回京，与张争执几决裂，究不知其真相如何。"

宋美龄在回忆录中记载，此时她对蒋说："此中央军日迫西安之故也。"而蒋介石此时此刻是什么态度呢，宋美龄是这样描述的："然此时之委员长，对于事件之开展，已不感关切，彼厌见周旋，厌闻辩难，尤厌倦于周遭疑虑之空气，出陕与否已不在彼顾虑之中。曾语余曰：'事态既继续如此，余决不做脱险之妄想，望吾妻亦不枉作匪夷所思矣。'

然余深知在此重要关头，惟忍耐与自制为成功之要素；我等当使叛变诸将领深信我言之诚挚，彼等若能悔祸，我可劝委员长呈请中央不究其既往，决不兴师讨伐，以造成内战之危机。"

在这种错综复杂的局面下，周恩来与宋美龄进行了第二次交谈。对于此次周宋对话，童小鹏的评价是"第二次谈话，宋美龄对于和平解决事变显得更有信心了，她明确表示赞成停止内战，以政治方式解决内政问题，不要擅用武力"。而宋美龄在她的回忆录中对这次对话是这样描述的：

"次日（24日），余又见彼（即周恩来），嘱其转告各方，反对政府实为不智，并历数最近十年来称兵作乱者皆无幸免之史实。倘彼等果有为国为民服务之诚意，必在政府领导下共同努力，方是正道。今日此等举动，徒增加人民之痛苦与彼等个人之罪戾，应及早悔悟。我等皆为黄帝裔胄，断不应自相残杀，凡内政问题，皆应在政治上求解决，不应擅用武力，此为委员长一贯之主张。即对共产党亦抱此宽大之怀，故常派飞机向共产党散发传单，劝告彼等，如能悔过自新，做安分之良民，绝不究其既往，一念从善，即可为中国造福。共产党所到之处，我人民不唯不能得到任何益处，而且只受其害，即共产党本身实亦无丝毫利益可言，盖彼等自身既奔波而成为流寇，乃复浪费国家实力，阻碍国防与建设之发展，究竟所为何事。国难如今日，民族运动者如为真正之爱国者，应即放弃不能实行之政策，各尽其在中央领导之下诚意协作之任务。"

周恩来在与宋氏兄妹会谈的这几天中，还抽空与在西安的英国驻华武官斯卡特有过一次交谈，在回答斯卡特的问题时指出：这次事变完全是蒋介石对日本帝国主义采取不抵抗政策而造成的。中共认为必须和平解决，迫使蒋介石联共抗日，否则内战再起，日本帝国主义必将乘机侵占全中国。现在中国人民要求的政府必须是抵抗外侮的、民主的、发展经济减轻人民生活痛苦的，中共已向国民党二中全会宣布赞成全国统一

的民主共和国，当民主政府建立时，红色区域可成为其中的组成部分。中共主张信教自由，保护人民的生命财产。

当天晚上19时半，周恩来与刚刚抵达西安的博古联名发电给中共中央书记处，汇报当天蒋介石答复张学良的六点内容。

（子）下令东路军退出潼关以东，中央军决离开西北。

（丑）委托孔、宋为行政院正副院长，责孔、宋与张商组府名单。将决令何应钦出洋，朱绍良及中央人员离开陕甘。

（寅）蒋先回京，后释放爱国七领袖。

（卯）联红容共，蒋主张为对外，现在红军苏区仍不变，经过张暗中接济红军，俟抗战起再联合行动，改番号。

（辰）蒋意开国民大会。

（巳）他主张联俄联英美。

周恩来博古在电报的最后说："蒋目前在西安环境中有抗日愿望，但南京环境不改，他又将回到动摇中去，现正从撤兵组府与我方秘密协商及公开宣传上找保证。"

针对昨天周恩来关于抗日联军西北军政委员会人选等问题发给中央书记处的请示电，当天毛泽东、张闻天联名致电周恩来、博古："对临时军政委员会名单，我们方面拟参加朱德、彭德怀、贺龙、叶剑英、徐向前5人，恩来、伯渠参加实际工作不参加名单，以便将来进行国民党工作，泽东不参加。对张、杨说明，共产党为争取全国各派，应采此种方针，对张、杨亦是有利的。"此名单是昨天中共中央政治局召开常委会议决定的，毛泽东在会上发言主张参加此军政委员会，但强调对外暂不宣布，对内可以宣布。并说，我们加入抗日联军，同时向南京招手。

根据宋子文的日记记载："（当天）下午，蒋鼎文拜见委员长，在拿到其停战手令后，乘飞机骤然离去。"而赖琏在当天给南京中央党部第63号密电中称："蒋鼎文偕戴笠及陈某于今十八时半乘机来洛，蒋、戴明早七时半离洛飞京。"赖琏在这封电报中说："据蒋公馆传出消息，形势确已转佳，委座必可脱险。"宋子文的日记中写有："我们均盼委员长明日圣诞节能动身返回南京。"而戴（笠）的不辞而别"令敌手甚为不悦"。

宋美龄在回忆录中则提到："圣诞夜转瞬至矣，是日一日间之前后形势，希望固迭生，失望亦踵至。余告张学良，圣诞日为停战限期之最后一日，如今日不能释委员长回京，则中央军必开始进攻。

"我等固死，汝亦不能独免。此外，正如孔部长在南京所言，若于此日恢复委员长自由，不啻'赠国家以无价之圣诞礼物'也。张闻言，状甚踌躇，唯允当勉力达我期望；但彼既无多数部队驻于城中，城门又皆为杨部所把守，此为难耳。彼又曰：'如杨部反抗，我等固可与之抗战；然夫人为一女子，则处境极危。'"

宋子文在当日的日记中也提及如何使蒋脱险与张学良商量办法一事，宋子文在日记中写道：

"晚上，张告诉我，他与杨发生激烈争吵。（杨指责称）你发动了政变，在未获任何保证下，而今你竟允委员长离去，他定会让你我人头落地。张说，他个人对政变负完全责任，如果他们接受他的领导，一切均会好转，若否，则尽可开枪将他打死。对其行动方针，难道还有其他选择？难道他们不想结束此等局面？杨大为不满地离去。杨在西安城周有驻军九个团，他可用兵强扣委员长，故形势极为危险。张在城周仅有一团，遂命其部队做秘密准备，以防突袭。我们讨论了将委员长带至机场骤然离开之可能性，但认为此举过于危险，因张（学良）之一举一动完全可能已处杨监视之中。后决定，倘局面未有改善，我应动员蒋夫人于次日晨以力促延长停战期为由，先行返回南京。待入夜，我与张将偕委员长乘车先至张的营地，然后由陆路前往洛阳。"

对此办法，宋美龄表示坚决反对，宋美龄在回忆录就此表示：

"余曰：'委员长决不肯化装，倘彼不能公开乘飞机离陕，余必同留此殉难，绝不愿离此一步也。倘彼因中央军开始攻击而殉国，余绝不愿

独生也。'余知张及子文咸憾余不屈不挠固执之态度，不能稍为彼等移易委员长之决心；然余已具决心，不能妥协。张将出，余又语之曰：'汝当劝告彼等，应立即释放委员长，全中国甚至全世界皆向汝等做此要求。全球各处之中国人皆纷纷通电要求恢复委员长之自由，斥汝等为卖国贼，汝等知之否？'张曰：'余知之，彼等亦有电致余，然彼等实未知余无加害委员长之意也。'"

作为宋子文随员的陈康齐在日记中是这样描述圣诞节前夜的这一天：

"早上，我们又被召到少帅府，为几封电报编码。同时我们接到命令，下午6点返回宾馆。到了约定时间，我们还在少帅府。晚饭时分，我们不得不腾出会客室，被带到地下室的一间房内。房间很小，只有一张床和一个炉子。所有窗户都被涂白了，里面人看不到外边，外面人更看不到里面。我有点怀疑，这就是曾羁押过委员长的那间房。"

"晚上8点30分，有人送来晚饭。我从未想过，我们的圣诞前夜竟是在这样的地方度过的。晚饭后，他们又让我们重新回到会客室。夜11点，我们和宋博士一道回到西京招待所。宋博士似乎很疲倦，丝毫得不到休息，他让郭增恺去见杨将军。一直到凌晨2点，他们才上床睡觉。"

而信仰基督教的蒋介石是如何度过这个圣诞之夜的呢？对此宋美龄的回忆录中有这样一段记载：

"圣诞之前夜，失望之成分仍较希望为多，直至深夜，谈判尚无结果，于是圣诞日至矣。每至圣诞日，委员长辄与余约：是日先致圣诞贺词者，即得享受全日计划决定之福利。今日彼得胜利矣，盖曙光初露，委员长即于被褥深处，呼'圣诞快乐'。余对此寒冷清晨，颇感不怿，然仍抑此情绪，欣然应曰：'祝君圣诞快乐。'时余不睹圣诞树，心殊怏怏；然深知在此颠危中，何来圣诞树？圣树老人即过西安，亦将望望然去之矣。

"此念闪过我心头尚未消失时，忽见室门顿启，以委员长卧室之外，监视者始终看守，无论昼夜，不能锁门也。二仆人相随而入，每人手中各携一沉重之长物，酷似巨大之圣诞袜。审视，果为袜唯，为'高尔夫球'置棍之长袜。先见一袜，系一手提打字机，并系片祝余夫妻圣诞快乐；另见一袜，系一厚暖之旅行毯，是为致委员长者，盖余夫旧有旅行毯已在兵变时遗失矣。噫！圣诞老人竟来西安耶？而此老人竟与余等共居一屋中！彼昔为我先父之友，现常为我家之宾，亲友皆呼为'Gran'，或呼为'端'。委员长仰首笑曰：'真老人至矣。'此为余首次在西安闻委员长之笑声。"

作为要犯一直被关在一起的国民党南京政府军政部次长陈诚与兰州绥靖公署主任朱绍良，这两位高官当天没有人来探望，张学良也没有露面，他们俩以看报纸消磨时光。陈诚对当天的生活是这样描述的：

"12月24日，今天未有人前来探视，仅王以哲派人送来若干水果饼干之类。余与一民展阅此间发行之反动报纸，如《解放日报》及《西北文化日报》等，大标题多而材料少，已可见其外强中干之一斑。而且在特号字及头号字之标题中，如（一）中央军陇海线兵力单薄，总兵力不过四师人，士无斗志，将有怨言；（二）李、白赞同张、杨主张，集结兵力即将北上，派刘维章（斐）飞湘，会商共同表示；（三）宁沪学生民众，响应西安行动，集会游行，风起云涌等等，均令人不能置信。因为中央军之情形，余所深悉，且余前已言之，彼等在平时固绝对服从委座之命令，而在委座被困时，尤必争先急难，忠义奋发，绝不致忽有异心。至于德邻、健生，余亦相信其决不致与张、杨同流；而刘维章之在湘养病，系在事变之前，此余之所知，亦无足异。此外宁沪学生民众运动，事或有之，但恐其运动之主旨，并非如反动报纸之所谓响应张、杨，而且适得其反，乃为吁请中央明令讨逆，且做迅速有效之执行耳。由此观之，彼反动报纸愈作各方响应之宣传，乃愈足以暴露张、杨地位之孤立，欲盖弥彰，此之谓乎？"

查当天的《西北文化日报》大字新闻标题的确有"李白与张杨共同

行动集结兵力即誓师北上""派刘维章（斐）飞湘商共同表示""胡宗南部响应骑兵已编竣"及"南京政府高压下沪宁救亡运动风起云涌"四条消息，文字内容也确有"兵力不到四师人""士无斗志，军心涣散"等提法。《西北文化日报》当天还发表题为"时局之变化与估计"的社论，社论认为，经过事变之后十几天的坚持，南京政府已形成主和与主战两派，社论猛烈地抨击了主战派，并坚定地认为："只要我们坚持到底，我们的主张必能实现，我们的胜利就在极近的将来。"

而当天的《中央日报》整个版面充斥着主战派的调门，首条新闻标题是"讨逆军进薄渭南，东西两路大军已取得联系"；接下来的新闻标题是"各方电贺何（应钦）总司令及刘（峙）、顾（祝同）两总司令'戡乱奏凯指日可期'"，发电的有韩复榘、宋哲元、余汉谋、何成濬、何健、邓锡侯、刘文辉、商震等各地实力派人物；在头版重要位置还刊登了国民党中央党部昨天召开第三十次常务会议的消息，该消息标题为"中央昨议决贯彻讨逆决议"。

当天，贵阳绥靖公署主任薛岳在给龙云的一封密电中也提到中央政治委员会昨天开会议决定"令何总司令迅予讨伐张逆，不图政治解决"。薛岳还提到桂系"由任潮发两电，一请全国团结对外，一请收回讨伐令，明白祖（护）张"。

李白與張楊共同行動
集結兵力即誓師北上
派劉維章飛湘商共同表示
胡宗南部響應騎兵已編竣
南京政府高壓下·滬寧救亡運動風起雲湧

当日《西北文化日报》头条消息

李宗仁

当天的《中央日报》也发表了一篇社论，题目为"今天最简单的希望"。该社论说："西安叛变，到今天已整整十二天，讨伐叛逆命令的颁布，到今天也整整七天。从本月十二日到今天，西安叛变的性质，开始便极明白，中央对付西安叛变的态度，开始也极明显。十二天的过程，全国舆论的呼号，全世界朝野的表示，乃至各种事实的表现，都十足证明中央态度的合理与有效。讨伐令下后的数天，我们连天在社评上告诉国民，今后的希望，只有一个军事，今后的消息，只须注意中央军的克服城邑，逆军的溃败投降。别种消息的流传，都是无益有害，且是摇乱人心，别种方法的企图，一定是失败，且是极愚蠢的失败。"

社论最后说："全国明确一致的意志，只在希望讨逆军总帅以至士兵，一刻一步不停的推进军事。推进军事，便是救领袖报国家，贯彻中央意志，便是救领袖救国家。"

国民党的《中央日报》继昨日报道"各地民众组织赴难团将入陕奉迎领袖与张逆不共戴天"后，当日又刊登消息称："全国学生总动员赴陕营救领袖，一致宣誓效忠党国并促张逆学良觉悟。"

当晚 8 时，国民党洛阳办事处赖琏在给南京中央党部的第 67 号密电中关于军情的报道称："我因恐中张逆缓兵之计，日来除渭南正面未施攻击外，他方仍积极西进，以期向西安作大包围。"另称，"冯钦哉颇思两方取巧，但我正令其退出大荔处防地，陆续派队接防，并用力量压迫冯部向西前进"。

1936

· 191 ·

12 月 25 日
星期五

　　蒋（介石）临行时对张（学良）、杨（虎城）说：
今天以前发生内战，你们负责；今天以后发生内
战，我负责。今后我绝不剿共。我有错，我承认；
你们有错，你们亦须承认。

　　——引自周恩来、博古当天给中共中央书记处的电报

蒋介石当面允诺周恩来，杨虎城最终开绿灯放行
张杨悄然陪蒋匆赴机场，汉卿登机送蒋义无反顾

当天国民党《中央日报》主战的喧嚣是近几天来最低调的一天，头号新闻的标题仅为"张部逆军陆续东开，一部渡渭河经讨逆军击退，顾祝同将赴宁夏指挥军事"，而社评"一个必要时间内的努力"则称西安事变两周发生的一切"证明西安叛乱在讨逆军完全胜利以前，叛乱不会立刻平定，领袖也不会立刻出险"。

但当天赖琏在给南京中央党部的第一封电报中则称，"委座脱险不成问题，日内定有圆满结果"。赖在电报中是这样写的："蒋鼎文昨夕到洛，即召驻洛军事领袖作甚长时间之商讨，夜深始散。关防严密，内容不祥。琏今晨晤祝（绍周）司令，据称：谈判确有转机，委座脱险不成问题。但西安情形复杂异常，必须再经妥善协商，方有解决办法。无论如何，日内定有圆满结果。鼎文暂不飞京，今晨离洛赴潼，似将暂往前方调度军事，但其行踪务请各方严守秘密，以免发生意外障碍。又琏从其他方面探访真相，委座似有手谕，令饬我军立刻停止进攻，鼎文赴潼想系传达委座意旨，谈判内容闻系包含中央供给巨款及改编东北军队等多条，委座同意一部分，而严拒其不合理者。子文与蒋夫人正在力劝委座接收中。"此封电报发出的时间是当日上午10时。

此时在西安的宋美龄，心急如焚，她在回忆录中是这样描述这个圣诞节上午的：

"圣诞阳光挟希望与快乐而俱来，然在上午，疑云仍未去。"

"叛变者仍要求于释放委员长前必得其亲笔签字之令，而委员长坚持不愿落一字，且亦不愿发一言。余为助长勇气计，开始整理行装，希望于日落之前飞达南京。如以此作标准，则必于 11 时半启行；及至 10 时，结果杳然。12 时半过矣，张来言：'飞机已准备，然一切仍未决定。'至 1 时半，我等希望已粉碎，然仍不愿放弃。有人言曰：'我等可先飞洛阳过夜。'余急应曰：'然，余等万勿失望，若诚挚祷告，必能达我愿望。'"

根据宋子文的秘书陈康齐日记记载，当天早晨，宋子文把陈召去，告诉他随时待命，一旦接到宋的电话，让陈等立刻赶到少帅府，但宋叮嘱陈"别带任何行李"，陈等立即猜想到"我们很快就要启程了"。但对于这句话，陈的理解是"很显然他不想让任何人知道我们要离开的事"。

根据蒋介石的日记记载，当天一早宋子文就来见蒋介石，把他与张学良商量的让蒋夫妇平安脱险的想法汇报给蒋介石，蒋在日记中写道：

"晨，子文来言：'张汉卿决心送委员长回京，惟格于杨虎城之反对，不能公开出城；以西安内外多杨虎城部队，且城门皆由杨部派兵守卫故也。张意拟先送夫人与端纳出城先上飞机，对外扬言夫人回京调解，委员长仍留陕缓行；然后使委员长化装到张之部队，再设法登机起飞。'未几，张亦以此言达余妻，速余妻即行，谓：'迟则无及，城中两方军队万一冲突，将累及夫人，张某之罪戾益深矣。'余妻即直告张曰：'余如怕危险，惜生命，亦决不来此；既来此，则委员长一刻不离此，余亦不离此一步。余决与委员长同生死，共起居。而且委员长之性格，亦决不肯化装潜行也。'张闻此语，深有所感，即允为设法。至午，子文来言，虎城意已稍动，但尚未决定。"

根据宋子文的日记记载，当天上午他陪周恩来一起会晤了蒋介石，宋子文在日记中是这样描述此次周与蒋会晤的言谈：

"我与蒋夫人见了周（恩来），他再次要求见委员长。我力促此事，因为中共手中掌握着开启时局之钥匙。若其与我方达成一致，则我们就可劝服那些激烈及畏葸之徒。周见了委员长，解释说，一年来，中共一

直在力图避免内战，以保存国家实力。他们并未从西安事变中索取任何资本，所提建议措施与数月前之主张并无二样。现在他们想要他做出如下保证：（1）停止剿共；（2）容共抗日；（3）允许中共派代表到南京向他解释其主张。

"委员长答，红军北上抗日一直为其心中愿望，若如周之所言，他们愿停止一切赤化宣传，听从他的指挥，他将视其军队如己出。在剿共之所有岁月里，他一直记怀中共之领袖，他们许多人皆曾为其部下。既然他能对桂系施以仁怀，那他对中共亦一定能慷慨对待。他已委托张（学良）来改编红军，若红军对其效忠，他们将享受如胡宗南军队一样之待遇。在他充分休息后，周本人可亲赴南京，继续讨论。"

对于周蒋的这次会面，童小鹏、申伯纯的回忆录记载：周恩来是由宋氏兄妹陪同去见蒋介石的，周见蒋前，两宋叮嘱周恩来，说蒋这两天病了，不能多谈话。当周进入蒋的卧室时，蒋躺在床上，当蒋见到周进来，勉强坐起来，示意请周恩来坐下。周这时看清他的面容，显得衰老憔悴，远非当年在黄埔军校的样子（时隔十年了）。申伯纯记载的周恩来与蒋介石谈话的内容为：

周先向蒋说："蒋先生，我们有十年没有见面了，你显得比从前苍老些。"

蒋介石点点头，叹口气，然后说："恩来，你是我的部下，你应该听我的话。"

周恩来回答："只要蒋先生能够改变'攘外必先安内'的政策，停止内战，一致抗日，不但我个人可以听蒋先生的话，就连我们红军也可以听蒋先生的指挥。"

蒋听了这句话，沉默了一下，好像有很多感慨的样子，然后向周表示以下三点：

一、停止剿共，联红抗日，统一中国，受他指挥；

二、由宋、宋、张全权代表他与周解决一切（所谈如前）；

三、他回南京后，周可直接去谈判。

谈完这三点，蒋坐在床上表现疲劳困顿的样子，指着宋氏兄妹说："你们可以同恩来多谈一谈。"

周于是向蒋说："蒋先生休息吧，我们今后有机会再谈。"

蒋连说："好，好。"周就此辞出。

根据宋子文的日记记载，在他与周恩来辞别蒋介石后，周强调说，由于蒋很劳累，不能与他讲话过多，但有些事情必须落实。宋子文的日记提到了周提及的以下五件事情。

一、胡宗南军队应调离陕、甘。我说，此点业已达成共识。他要求我做出保证，我做了保证。

二、委员长返回后应发表通电。我说，你起草电文，若我相信所拟各点能够接受，我将与委员长会商。

三、他提出人民应有言论自由之权利，我答应他将予安排。

四、我让他在上海任命一名联络员，他说他将落实。

五、他要求我逐步释放政治犯，我答应尽力而为。

接下来，宋子文向周恩来说明了必须让蒋马上离开的理由：

"我督促周，必须让委员长即速离开，再行耽搁只能令局势进一步复杂，战端一开，难以平息，作为委员长之老部下，他应知委员长为信守诺言之人。韩（复榘）、宋（哲元）联电（12 月 23 日，宋、韩联名致电，号召国民党中央召集在职人员、在野名流，共商国事。此时事变已近解决——宋子文英文日记译者）可能令局势出现意外反弹，国家陷于内战，亦为中共与第三国际所不欲看到。再行停留将影响委员长之威信，委员长已明确表示，若今天不能动身，他就不欲再走。他（指周恩来）答应尽其所能。"

宋子文认为，正是周恩来最终说服了杨虎城同意马上放蒋。宋子文还提到他与十七路军的孙蔚如军长及其他将领谈了话，宋对这些将领说："尽管他们的做法应当谴责，但蒋将军大人海涵，看得出其善良动机，他

不会食言，请相信我不断提醒他的。"宋子文还说，他见了张学良，张学良告诉宋子文，他与杨虎城的谈判正在进行。而根据申伯纯的回忆，东北军和十七路军一些高级将领联名给宋子文那封口气强硬的信（见12月24日内容），是当天一早送给宋子文的。据申伯纯的回忆录记载：宋子文看了这封信，大吃一惊，赶紧送给蒋介石、宋美龄去看。蒋、宋一看也吓得不得了，马上要宋子文找张学良想办法，并要宋子文亲自去找杨虎城恳求早放蒋走。宋马上去找张、杨，保证蒋走后中央军立即撤出潼关。张学良此时看到这种情况，唯恐闹出乱子，就更加急于把蒋马上放走。但他知道这个问题是一时不容易说服众部下的，于是一面故作镇静，安抚将领们静候解决，一面急着找杨虎城商议。他用沉重的语气向杨说："现在不走不行啦！夜长梦多，不知道会出什么大乱子，我今天决心亲自送蒋走。我想我在几天内就可以回来的，请你多偏劳几天。假如万一我回不来，东北军今后即完全归你指挥。"说着，就把预先亲笔写好的手谕交给杨。杨虽然对这样放蒋有意见，但到此时深为张的真诚所感动，并且听说十七路军的军官们正在酝酿什么，如果真的发生变故，实在太危险。杨虎城于是也置个人的生死利害于不顾，慨然同意了张的意见，这时已是下午2时了。

张学良给杨虎城的"手谕"一共不到50个字，是写给东北军何柱国、王以哲、缪澂流、董英斌各军各师长的，内容为：

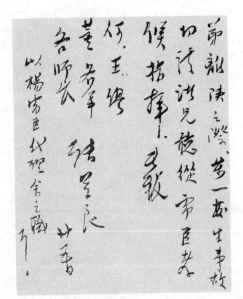

张学良离陕前留的手谕

> 弟离陕之际，万一发生事故，切请诸兄听从虎臣（杨虎城）孝候（于学忠）指挥。此致，何、王、

缪、董各军各师长。

张学良

二十五日

张学良在他的手谕上还特别加了"以杨虎臣代理余之职"这句话。张学良的手谕是用毛笔写的，字写得很潦草，"虎城"被写成"虎臣""孝侯"被写成了"孝候"。

根据宋子文秘书陈康齐的日记记载："大约 11 点左右，电话来了，我们赶到少帅府，我们发现一切都很正常。我们待在会客室里，耐心地等着。随后是午饭，什么动静也没有。随后是太阳开始落山，还是没有任何我们要走的迹象。"

原计算 11 时半就应该出发的宋美龄，等了一个小时，又一个小时，时针已指到下午 1 时半，还没有启程的消息，宋美龄描述此时的情景：

"时诸人皆奔走往来，状甚混乱。子文入新城访杨虎城，其他各人亦分头疏通，求解此结。然午后二时又至矣，仆人告曰：'午饭已备。'但并无人来报消息，希望似绝，然我等仍进餐；既饭，希望似又复生。即有人建议曰：'即四时启行，我等亦可于日落前抵洛阳。'因此我等决定下午四时为最后关头矣。三时响未既，见张越庭院来，身后随一工役，荷一提箱，守兵皆露惊异状。时子文等方在各处向诸将领反复说明，即委员长在此绝不能有亲笔命令，但返京之后余信其绝不咎既往，以释其疑。然迄无消息传来，电话仍继续不断，交涉迄未完结。正焦虑间，子文忽入门，携来喜讯，城防司令杨虎城已同意我等成行矣。"

当宋美龄告诉蒋介石现在可以走了的消息时，蒋言"且暂缓行，余等行前，须与张学良及杨虎城作临别训话以慰谕之"。根据宋美龄的回忆，当时杨虎城不在场，在等杨的时候，张学良告蒋，他决定随蒋去南

日记西安事变——扭转乾坤的十四天

京。宋美龄在回忆录中是这样描述的："张告委员长，彼已决心随委员长赴京；委员长反对甚力，称无伴行之必要，彼因留其军队所在地，并以长官资格命其留此。张对余解释：谓彼实有赴京之义务，盖彼已向各将领表示，愿担负此次事变全部分之责任；同时彼更证明此次事变，无危害委员长之恶意及争个人权位之野心。余等深知此次事变确与历来不同，事变之如此结束，在中国政治发展史中，可谓空前所未有；张之请求亦有其特殊之意义，足使以后拟以武力攫夺权者，知所戒惧而不敢轻易尝试。故余与子文赞成其意，允其同行。"

接下来，宋美龄描述了杨虎城来到之后的情形："当杨虎城率卫队若干人来时，空气益形紧张，彼偕张径入委员长室，立正行敬礼。委员长邀其就坐，彼等皆屹然不敢动；余即进言，委员长尚病，不能起坐，故不得不卧谈，如彼等就坐，较易听受，乃始勉就椅坐。委员长与彼等语，余即在座速记。"谈话约半小时始毕。

蒋介石在他的回忆中也提到："半小时后，张与虎城同来，余命二人在余床前对坐而恳切训示之（训话附后）。训话毕问张、杨之意如何尚有他语乎？彼二人皆唯唯而退。"对于蒋召张、杨训话，宋子文的日记也有记载，宋子文写道："委员长召张、杨训话，告诉彼等，尽管他们的做法系叛变行为，但他原谅他们。他所允诺之一切均会履行。"宋子文还提到："我与杨将军进行长谈，再次向其予以保证。他问，我是否能阻止复兴社在陕、甘的行动，称这已引发许多摩擦。"

当天上午，蒋介石的特勤总管黄仁霖，也被召唤到张学良的官邸。黄是12月14日随端纳来西安看望蒋介石的，由于他违背了张的规定，被扣押至今。当天听说要他去少帅府，黄心想可能是自己的末日到了。当他来到少帅府，见到端纳高兴地向他致圣诞快乐，才知道自己是脱险了，他亲眼目睹了蒋离开他被囚禁了十多天的住宅。黄仁霖在他的回忆录中描述："我看到蒋先生由夫人与她的哥哥宋子文博士分别搀扶着，慢慢地走上了那辆等候着的车子，杨虎城和张学良等将领侧立两旁。当蒋先生和夫人在轿车中坐定了，张少帅跳上了车子的前座，和司机并坐着。跟着第二部车子是宋子文博士、端纳与杨虎城，他们驶向军用机场。"

而作为张学良内勤副官的吕正操在他的回忆录中也披露了当天发生的一个细节："1936 年 12 月 25 日，西安事变发生两个星期之后，平时很少穿军装的张学良将军一身戎装，来到吕正操等副官和卫士的住处，把大家召集起来，告别说，他即将伴送蒋介石回南京。张学良的决定，让吕正操和大家感到很惊讶，劝他不要去。他坚决不听，还说三日内准回。吕正操认为蒋介石决不会放他回来，便说：'少帅，要是你三日内不回来，我就回部队去。'"

根据申伯纯的回忆录记载，当张、杨送蒋到达机场时，发生了这样一个情景：汽车一进飞机场，他们就看见飞机场上有一两千学生和群众队伍。这批人本来是等候欢迎在绥远抗日的傅作义将军的，可是蒋介石不知道，以为是对付他的。他恐怕群众出来留难，不让他走，就着急慌忙地对杨虎城说："我答应你们的条件，我以领袖的人格保证实现，你们放心，假如以后不能实现，你们可以不承认我是你们的领袖，我答应你们的条件我再重复一遍：

（1）明令中央入关之部队于廿五日起调出潼关，从本日起再有内战发生，当由余个人负责。

（2）停止内战，集中国力，一致对外。

（3）改组政府，集中各方人才，容纳抗日主张。

（4）改变外交政策，实行联合一切同情中国民族解放的国家。

（5）释放上海各被捕领袖，即下令办理。

（6）西北各省军政，统由张、杨两将军负其全责。"

蒋重申六项诺言以后，即与宋子文、宋美龄、端纳一同登上飞机，立即起飞，张学良登上自己的飞机跟着起飞，这时已是下午 4 时了。

根据蒋介石的日记记载，临上飞机前，张学良坚决要求同行，蒋介石再三劝阻，并对张学良说："尔行则东北军将无人统率，且此时到

蒋介石登机前在西安机场

中央亦不便。"张学良则回答说："一切已嘱托虎城代理，且手令所部遵照矣。"作为宋子文随员的陈康齐是乘坐另一辆车，随后赶到，他在日记中描述："蒋夫人和宋博士扶着委员长上了飞机，令我们惊讶的是，少帅也上了飞机，他坐在了飞行员边上。"陈康齐说："委员长、蒋夫人、宋博士和少帅乘少帅的波音飞机先离开。"他们的飞机因引擎有些故障，耽搁了半小时。

根据于凤至口述的《我与汉卿的一生》披露，张学良认为自己有保护蒋介石的责任，当"有情报说，有的将士要射击飞机，所以我才坐飞机，保护他安全地回南京"。于凤至说："如果我当时在西安，我绝不让你送蒋的，在飞机场我会拦住你。"

张、杨送蒋介石离陕，为怕发生意外，行动非常秘密，连周恩来也没通知。申伯纯在回忆录中记载：

"张学良送蒋走后，卫士营营长孙铭久才得到卫士们的报告，说

'副司令和杨主任已同蒋介石到飞机场去了。'孙铭久立即赶到周恩来同志那里问他说：'周先生，你知道副司令同蒋委员长一同到飞机场去了吗？'周非常惊愕，说：'我不知道，他们走了多少时间了？'孙说有十多分钟了，周着急地说：'你怎么不早来告诉我！'随即同孙乘汽车赶赴飞机场，想劝阻张不要亲自送蒋到南京。可是他们赶到飞机场时，蒋、张等所乘的飞机早已飞上天空了。周恩来同志叹息地对人说：'唉！张汉卿就是看《连环套》那些旧戏看坏了，现在他不但要摆队送天霸，而且还要负荆请罪啊！'"

当张学良陪同蒋氏夫妇乘飞机离开西安时，设计委员会还在开会研究放蒋的条件，申伯纯此时也在会上。他回忆说："25 日下午 3 时，设计委员会还在开会，先由高崇民报告高级将领们反对无保证放蒋的情况，接着大家又讨论起来，研究应该提什么条件，有什么保证才能放蒋走。正在讨论这些问题的时候，忽然听见天空响起一阵飞机声，跟着接到副司令公馆来电话，说蒋介石、宋美龄等已坐飞机走了。这个突如其来的消息真好像晴天霹雳，震得大家耳聋目眩，又好像劈头一盆冷水，浇得大家浑身颤抖。会不开了，你看看我，我看看你，大家都说不出话来。好半天，杜斌丞才拍胸顿足地说：'我们是不是在做梦，天地间竟会有这种事！'说完就向床上一躺，两手抱头，不再言语了。申伯纯含着眼泪，激动地说：'既是走了，就算对吧！'有的人摸着自己的脑袋说：'这个吃饭的家伙长不牢了！'还有人带着丧气的口吻替自己解嘲说：'好了，紧张了半个月了，我们今晚好好打他娘的一场麻将吧！'"

当晚 11 时，国民党洛阳办事处赖琏在给南京中央党部的第 82 号电报中，详细汇报了蒋到达洛阳的情况。电报说："中央党部叶秘书长、陈果夫、立夫先生、各部长：委座午后三时许自西安起飞，五时四十五分到洛。下机后异常疲弱，由两人扶入汽车，直驶公馆休息，稍进牛奶即卧，腰背俱感疼痛，不作一语，宾客概未接见。军校学生欢声震天，洛城爆竹销卖一空。据随从谈：事变时逆部曾用机关机射击，故侍从、

卫士、宪兵殉难者百余人。今日停战退兵，明日陈诚等十余人当可护送至赤水。张逆自下机至就寝，紧随子文，形影不离。委座定明早九时飞京。珽即将办事处结束，一部分职员拟往西安，珽等回京。"

据说张学良在洛阳这一夜睡得特别香，多少天了，他精神几乎近于崩溃了，到今天终于一切都结束了。而在西安，千斤重担压在了杨虎城的肩上。杨办的第一件事就是把蒋离陕的消息通电公布于众，这个通电要对各方面都有一个交代，字不多，字字斟酌。杨虎城的电报是以他和东北军、十七路军（包括冯钦哉）八位将领联名发出的：

"自委座留驻西安，对于副座及虎城等救国主张，已表示完全容纳，即定返京施行。其人格伟大，为国家为民族之精神，诚为空前所未有，群伦所景服。爰于本日下午四时，由副座恭谨陪送赴洛，特电奉闻。杨虎城、马占山、何柱国、孙蔚如、冯钦哉、王以哲、董英斌、缪澂流。"第二天的《西北文化日报》刊登了此通电，题目为"对救国意见一致，蒋张昨偕同飞抵洛阳"，副标题是"各将领并电京报告，西安一切由杨主持"。

而受命于危难之时，舍身忘我来到西安的中共代表团团长周恩来经过近10天的艰苦工作，终于可以向中共中央交答卷了。当日19时，周恩来与博古联名给中共中央书记处

《西北文化时报》报道蒋介石离陕消息

发去一封长电，汇报了与宋氏兄妹谈判的结果和面见蒋介石时蒋的表态，电报全文如下：

中央书记处：

（甲）与宋子文、宋美龄谈判结果：

（子）孔、宋组行政院，宋负绝对责任，保证组织满人意政府，肃清亲日派。

（丑）撤兵及调胡宗南等中央军离西北，两宋负绝对责任，蒋鼎文已携蒋手令停战撤兵（现前线已退）。

（寅）蒋允许归后释放爱国领袖，我们可先发表，宋负责释放。

（卯）目前苏维埃、红军仍旧。两宋担保蒋确停止剿共，并可经张手接济（宋担保我与张商定多少即给多少）。三个月后抗战发动，红军再改番号，统一指挥，联合行动。

（辰）宋表示不开国民代表大会，先开国民党会，开放政权，然后再召集各党各派救国会议。蒋表示三个月后改组国民党。

（巳）宋答应一切政治犯分批释放，与孙夫人商办法。

（午）抗战发动，共产党公开。

（未）外交政策：联俄，与英、美、法联络。

（申）蒋回后发表通电自责，辞行政院院长。

（酉）宋表示要我们为他抗日反亲日派后盾，并派专人驻沪与他秘密接洽。

（乙）蒋已病，我见蒋，他表示：

（子）停止剿共，联红抗日，统一中国，受他指挥。

（丑）由宋、宋、张全权代表他与我解决一切（所谈如前）。

（寅）他回南京后，我可直接去谈判。

（丙）宋坚请我们信任他，他愿负全责去进行上述各项，要蒋、宋今日即走。张亦同意并愿亲身送蒋走，杨及我们对条件同意，我们

只认为在走前还须有一政治文件表示，并不同意蒋今天走、张去，但通知未到张已亲送蒋、宋、宋飞往洛阳。

（丁）估计此事，蒋在此表示确有转机，委托子文确具诚意，子文确有抗日决心与改院布置，故蒋走张去虽有缺憾，但大体是转好的。

（戊）现在军事布置仍旧，并加紧戒备。

　　（蒋临行时对张、杨说：今天以前发生内战，你们负责；今天以后发生内战，我负责。今后我绝不剿共。我有错，我承认；你们有错，你们亦须承认。）

周　博

二十五日十九时

西安事变大结局

西安事变是国民党转变的关键，没有西安事变，转变时期也许会延长，因为一定要有一种力量来逼着他转变，十年内战，什么来结束内战，就是西安事变。

——毛泽东

日记西安事变——扭转乾坤的十四天

　　三周前的 1936 年 12 月 4 日，张学良陪蒋介石乘火车从洛阳来到西安，入驻华清池行辕；一周后爆发西安事变，蒋介石在华清池被扣；三周后的 1936 年 12 月 25 日，张学良又陪蒋介石乘飞机回到洛阳。行前，张学良把西安的事托付给杨虎城，用杨虎城的话说，这"一抓一放"，得对各方面有个交代啊！

　　12 月 26 日当天的十七路军机关报《西北文化日报》头条新闻宣布"对救国意见一致，蒋张昨偕同飞抵洛阳"，该条特讯新闻说："蒋委员长自留居西安后，即虚心听取张杨两将军意见，最后恳切表示完全接受，张主任委员对蒋委员长此种精神与态度，极为钦佩，特于本日（二十五日）下午四时陪同蒋委员长飞洛阳，同行者有蒋夫人、宋子文、端纳诸人。"而国民党的《中央日报》对此事的报道却是另一种口径，12 月 27 日《中央日报》也在头版报道了"宋子文、张学良同机到京"的消息，但副标题称"张氏函呈蒋委员长表示来京待罪之意"，并公布了前一天（二十六日）张给蒋函件的全文：

　　"介公委座钧鉴：学良生性鲁莽粗野，而造成此次违犯纪律不敬事件之大罪，兹觍颜随节来京，是以致诚愿领受钧座之责罚，处于应得之罪，振纪纲，警将来。凡有利于吾国者，学良万死不辞，乞钧座不必念及私情，有所顾虑也。学良不文，不能尽意，区区愚忧，俯乞鉴察，专肃，敬叩钧安，学良谨肃二十六日。"该条消息还称，张学良对采访的中央社记者称，"此来待罪，一切唯中央及委座之命是从"。而就在 12 月 26 日晚 8 时许，张学良在给杨虎城的告平安电报中说："午后二时抵京，寓子文兄处，一切安善，请转告诸同志释念。"

而"待罪"的张学良 12 月 30 日即被交付高等军法会审理，1937 年 1 月 4 日即结案，前后仅用了 6 天（中间还有新年假期）。1 月 5 日国民党《中央日报》以"张学良如何自赎"的社评，叙述了这一审理过程的概况。文章说："此次张学良率部劫持统帅，戕害官员，拘禁将领，实犯陆海空军刑法及普通刑法之罪，经军委会高等军法会审结果，以张氏经奉委员长训责后，尚知悔悟，随同旋京请罪，核其情状，不无可恕，因从轻判处徒刑十年，并褫夺公权五年，旋蒋委员长复具呈国府，以张氏勇于改悔，并恪遵国法，自投请罪，请依据约法，予以特赦。昨晚国府已颁布明令，将张氏本刑，予以赦免，并交军事委员会严加管束。""严加管束"虽只有四个字，却意味着张学良无限期地失去了自由。

据蒋介石的特勤总管黄仁霖回忆，他 12 月 28 日经宋美龄允准，借新年之机回上海与家人团聚，但次日就被蒋介石召回到南京。蒋介石当面交代黄仁霖："汉卿正要在首都接受军法审判。在这个时期，我已把他安排在孔（祥熙）先生在中山门外的乡间住宅内居住，我要你去照料他。安全措施都已经部署好了，但是我要你去负责办理。"

张学良经高等军法会审判后，即未能再回北极阁的宋子文公馆，而被直接押送到孔祥熙在陵园的别

国府明令特赦张学良 仍交军委会严加管束

《中央日报》刊登国民政府对张学良特赦令

墅，这个决定连宋子文事先都不知道，为此宋子文曾到蒋宅交涉，当然无果而归。据说宋子文一怒离开南京去了上海，一度深居简出，少理政事。

张学良被扣南京不回，西安方面在杨虎城的主持下应付着来自各方面的压力。12月27日，西安方面根据张学良的"旨意"释放了被扣压的南京政府党政军各大员，之后又放行了50架被扣的战机。对是否应该这样处理，东北军将领意见不一，内部分歧公开暴露出来。

就在12月27日这天，《大公报》刊登了蒋介石"对张杨的训词"全文，并指明训话是在蒋将离开西安之前由蒋夫人笔录（宋美龄的回忆录提到蒋的训话和她做笔录的事，而黄仁霖在他的回忆录中则证实他在隔壁听到蒋对"东北军军官的斥责"）。发表的蒋介石"对张杨的训词"称"张、杨西

对张杨的训词

蒋介石

此次西安事变，实为中国五千年历史绝续之所关，亦为中华民国存亡迳大之关键，与中华民族人格高下之分野。今日尔等既以国家大局为重，决心送余回京，亦不可强勉我有任何签字与下令之非分举动，亦并无何特殊之要求，此不仅我中华民国转危为安之良机，亦为中华民族人格与文化高尚之表现。中国自来以知过必改为君子，此次西安事变得此结果，实由尔等勇于改过，足为我民族前途培进无限之光明。以尔等之人格与精神能受余此次 诰诫之感召，尚不愧为我之部下。尔等所受感应尚能如此迅速，则其他之人更可知矣。尔等过去受反动派之煽惑，以为余待人不公或对 革命不诚。现在余一年以来之日记约有六万余言，两月来之公私 文电及手拟稿件亦不下四五万言。此外各种救国计划及内政外交军 部财政教育等各种政策与方案，总共不下十余万言。尔等均已寓目。在此十余万言中，尔等必已详细捡阅，其中是否有一言一字不为国 家而为自私？是否有一丝一毫不诚不实自欺欺人之事？余自兴学带兵 以来，

南京政府发表蒋介石"对张杨的训词"

安事变之举是受反动派煽惑所至，此次事变，得此结果，是张、杨受余（蒋本人）此次精诚之感召"，"张、杨亦不再勉强我有任何签字与下令之非分举动，亦并无何特殊之要求"，却闭口不谈蒋介石对张、杨的承诺。

针锋相对，《西北文化日报》在27日以"蒋返京后发表谈话，张、杨救国主张完全纯洁"为题，披露了蒋介石12月25日下午4时在西安机场飞机起飞之前，向张学良、杨虎城承诺的六条保证，即中央军即刻调出潼关，停止内战，改组政府，改变对外政策，释放上海被捕领袖，西北军政事务由张、杨负责。消息还引用蒋介石对张、杨说的原话："从本日（二十五日）起，如再有内战发生，当由余（蒋自称）个人负责。""我的错误，我自己承认，你们的错误，你们承认。"该消息最后

提到"蒋在飞机场于最后之刹那，曾对杨主任剀切表示：'我回南京后，——都可实现，你们放心，不然我也不成其国家民族之领袖'云云"。12月29日，杨虎城致信陕西各县县长，说明西安事变经过，西安方面提出的抗日救国八项主张及蒋介石临行前当面对他承诺的《六项条件》。

针对蒋介石《对张杨的训词》，中国共产党方面也有表态。毛泽东于12月28日就此发表谈话，指出蒋氏"之所以能够安然离开西安，除西安事变之领导有张、杨二将军之外，共产党的调停，实与有力"。"蒋氏已因接受西安条件而恢复自由了，今后的问题是蒋氏是否不折不扣地实行他自己'言必信，行必果'的诺言，将全面救亡条件切实兑现"。

而新的军事压力再次摆在西安面前，根据樊崧甫回忆，蒋到洛阳后，"通电因事变进入潼关的部队，即日撤离关外各归原防。"刘峙、徐庭瑶、黄杰、桂永清先后率领撤走。昔日的对手，今日又成友军。但樊崧甫认为，蒋回南京后，定有一批人主张维持纪律，惩办祸首（张学良），特别是随蒋在西安遇难的高官家属，这些人为蒋送了命，蒋活下来而不为他们做主，蒋会很没面子，蒋会躲起来，让其他元老去处置张。他们扣留张学良，东北军自然不答应，"这样势必致再战起来"。事情果不出樊所料，12月28日下午樊接到何应钦从南京打给他的电话，要求各部队立即恢复原阵地，撤走的部队调转方向回来。

到了1937年1月5日，事态更加明朗，张学良在"仍交军委会严加管束"的限制下，归陕遥遥无期，而中央军几十个师已向西安压来。西安方面义愤填膺，当即杨虎城、于学忠领衔东北军、十七路军十位将领联名通电抗议南京扣张挑动内战的行径。当天晚上，杨虎城分别致电蒋介石、宋子文、何应钦，表示"张副司令一日不归，西北军民一日不安"，要求恢复张学良的公权。当天毛泽东致电周恩来、博古，表示："同意南京用政治方式解决西北善后问题，但须在下列条件下：（一）立即撤兵；（二）立即释放张学良回陕；（三）保证西安协定之实行。"当天，南京政府抛出了由顾祝同取代张学良总理西北军事的陕甘善后一揽子方

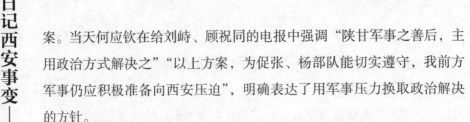

案。当天何应钦在给刘峙、顾祝同的电报中强调"陕甘军事之善后，主用政治方式解决之""以上方案，为促张、杨部队能切实遵守，我前方军事仍应积极准备向西安压迫"，明确表达了用军事压力换取政治解决的方针。

中共中央在得知此消息后，第二天晚上20时即以张闻天、毛泽东两个人的名义致电周恩来、博古，强调"目前中心在坚决备战，拒顾迎张，如此干法才能求得和平"，否则"顾来则张、杨两部全部宰割，红军将被迫登山"。很快东北军、十七路军和红军达成军事准备的共识，并实施了相应的军事部署，双方均拉开了以战促谈的架势，西安和南京的谈判重新拉开序幕。

1月9日，南京方面派吴瀚焘、王化一持蒋介石、张学良致杨虎城及东北军和十七路军各高级将领的亲笔信来到西安，劝说西安方面服从南京政府命令，免生战端，其中张给西安方面的三封信经戴笠手转蒋介石审批后方交王、吴二人。戴笠在1月8日请示蒋的电报中称："是否可一一交王、吴两人携往？乞即鉴核电示。"蒋介石对此电报的批示为："速转刘经扶（刘峙）、顾墨三（顾祝同）知照。"而刘峙、顾祝同根据蒋介石的旨意派洛阳警备司令祝绍周到西安进行和谈试探，并提出南京方面关于东北军、十七路军驻防地区的两种方案。一种方案是东北军向西移驻甘肃一带，十七路军移驻渭河以北地区（通称甲案）；另一种方案是东北军移驻豫皖，十七路军移驻甘肃（通称乙案）。两方案不变的是中央军都要进驻以西安为中心的关中地区，红军仍返陕北。西安方面认为张学良返陕是关键，这个问题不解决，其他问题无法谈。于是杨虎城派出李志刚（杨驻南京代表）、鲍文樾（曾任东北军参谋长）于1月16日飞抵南京，17日到奉化会晤蒋介石，此次李、鲍二人与蒋的会晤未达到放张、撤军的预期效果。

经西安研究，李志刚单身二次赴奉化会晤蒋介石，时间是1月23日。此次会晤，关于放张的问题蒋介石还是不松口；关于中央军西进的问题，蒋介石坚持西安方面不听南京的安排，中央军就进兵。蒋介石表示，西安方面要是还听他的命令，潼关以西的军事问题，可派人同顾祝同直接接洽，一切问题容易解决。此次奉化之行，李志刚在蒋的允许下，见到了张学良。此时张已被软禁在奉化溪口，距蒋住处很近的雪窦寺，由赵四小姐在身边陪同。由于

张学良与于凤至

李、张谈话时总有戴笠在场，不便说什么，偶有机会张慨叹地对李志刚说："蒋是不会让我回去的，我回去会增加他不喜欢的力量。请告诉虎城多容忍，要团结。"1月25日李志刚返回西安，西安方面对张不能回来，都感到很失望，也很气愤，与南京对立的气氛很强烈。但杨虎城还是派李志刚和谢珂（东北军方面的人，前"剿总"办公厅副主任）于1月26日赴潼关在火车上与顾祝同首次谈判。两天之后，西安方面易人（王宗山换谢珂）再谈，何柱国也与顾的参谋长赵启骡用电话电报商洽。1月30日双方大致商谈就绪，决定采取甲案，这样东北军、十七路军和红军三位一体还是能保存和相互依托的。此次谈判就划分军队驻地、移驻时间、军饷、指挥系统等问题都做了具体规定，共有20余款，就等签字实行。

根据杨虎城身边的幕僚申伯纯回忆："杨虎城始终支持李志刚为和谈奔走，想寻觅和平途径来解决问题。"但失去主心骨的东北军发生了严重的意见分歧，产生了以王以哲、何柱国、于学忠等高级将领为首的主和派和以应德田、孙铭九、苗剑秋等少壮派军官为首的主战派，十七路军中也同样存在有这样的问题。申伯纯说："在和战问题面前，作为代总指挥，杨虎城必须做出最后的抉择，而这却是最使他苦恼的问题。

他希望和平解决，全国一致抗日，但又担心蒋介石的报复。同时，主战派的呼声日益高涨，也不能撇开东北军高级将领做出任何决定，这就更使他十分为难，他的思想斗争是非常激烈的。"申伯纯回忆，1月25日他根据杨的"旨意"，宣传和平解决，却惹得杨虎城发火，当天下午就撤了申政治处长的职务。

根据申伯纯回忆："1月20日以后，和战两派的分歧愈演愈烈，主战派的调子越来越高，以致发展到主战派表面上压倒了主和派，使主和派不敢公开讲话，中共代表团进行说服、说服，再说服，舌敝唇焦，几经说明，几经变卦。"恰逢红军司令员彭德怀、政治委员任弼时到西安，就此开了三方的座谈会，彭、任再次阐明中共方面的态度，表示"目前形势不宜用战争求得问题的解决，因为打仗并不利于张先生回来，打仗可能引起更混乱的局面，那样，高兴的只有日本帝国主义"。彭、任讲完话之后，问大家有什么意见，大家都不发言。申伯纯说："大家不说话，并不是没有意见。"之后的一周，事态急剧变化就证实了这一点。

1月27日晚，东北军少壮派首领应德田、孙铭九、苗剑秋约见中共代表团，表示张不回来，绝不撤兵，要求红军支持不撤兵的主张。如中央军进逼，请红军全力帮助，苗剑秋甚至说："你们不帮助我们打仗，咱们就先破裂。"孙铭九也哭跪在周恩来跟前不起，直至后半夜才散。

1月28日，周恩来、叶剑英乘车赶到三原县云阳镇红军司令部驻地开了一个紧急的会，会议决定：只要东北、西北军两方朋友团结一致，意见一致，我们可以暂时保留我们的主张而支持他们的主张，跟他们一起打。

1月29日，东北军召集团长以上的军官40余人在渭南举行军事会议，会上主战派的势力占了上风，会议当即做出决议：在张副司令未回来之前，坚决不撤兵，中央军如再进逼，不惜决一死战。

1月30日，于学忠从兰州飞到西安，主和派、主战派都希望于学忠支持他们的立场和观点，于学忠左右为难。当天周与毛就此交换意见。

1月31日晚，杨虎城、于学忠、王以哲、何柱国、周恩来五个人代表三方面在王以哲家中召开最高会议。于学忠认为"应该和平解决，不应该打仗"。王、何赞同，东北军态度明确，杨和周也都支持。作为总指挥的杨虎城决定执行和谈的方针，同意让李志刚到潼关去继续谈判，准备签字。周恩来提醒在场的将领要注意内部的团结和设法说服各自的部下，否则恐怕会发生问题。

但严重的事件还是没能避免。2月2日上午，少壮派军官以王以哲、何柱国不在最高会议上反映主战派的要求，"破坏"主战为由，派人到王以哲家中，将王当场打死，何柱国由于不在家幸免于难。当天被杀的还有原"剿总"参谋处长徐方，原"剿总"交通处处长蒋斌、宋学礼（王以哲的副官长）。据申伯纯回忆，当天下午少壮派军官还起草了东北军和十七路军全线即日出击的合同作战命令稿，送杨虎城、于学

王以哲

忠签发，杨、于当即签了字。但在前线的刘多荃并没有执行少壮派的命令，反而调转枪口撤出渭南前线，一部分开回临潼，声言要开回西安为王以哲报仇。

此时西安谣言纷纷，人心慌慌，也有人挑拨说，少壮派是受共产党指使行动的，中共代表团的机要秘书童小鹏回忆，当时周恩来心急如焚。为了表明中共团结抗日，抗议少壮派的错误行为，周不顾个人安危，带着李克农和刘鼎，赶到王以哲家中吊唁，使王以哲的家属和在场的人深受感动。同时，为了避免造成东北军内部的自相残杀，周恩来不

避掩护少壮派的嫌疑，毅然决定将应德田、孙铭九和苗建秋三人送到三原云阳镇红军总部。但东北军元老派人把杀害王以哲的凶手于文俊（张学良卫士营连长）杀死，并破腹取心去祭奠王以哲，而且还误杀了最早沟通中共和张学良关系的高福源（一〇五师旅长）。

2月3日，东北军刘多荃部撤出渭南给中央军让出进入西安的大路。与此同时，东北军骑十师师长檀自新、一〇六师师长沈克联名投靠南京政府。

2月4日，杨虎城、于学忠等七名高级将领联名发表和平宣言，并与顾祝同通话，表示"和平方案继续进行"。

2月6日，杨虎城率十七路军在西安的部队撤到三原。

2月8日，中央军宋希濂师和平进入西安。

2月9日，顾祝同抵西安。

之后东北军于当年四五月间全部撤离西北，几个军分别驻在豫南、皖北、苏北地区，驻地分散，且不相统属，均直接归南京军政部指挥，这样东北军作为一个整体已不复存在。

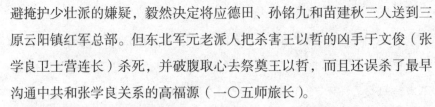

《中央日报》刊登王以哲被害消息

杨虎城与夫人（谢葆真）、儿子（杨拯中）

而十七路军的改编由于冯钦哉部已投靠了南京政府，剩下的部队（除三十八军外）一共编为两个师由赵寿山和李光中各领一个师，孙蔚如虽然出任陕西省主席仍兼三十八军军长。而蒋介石不允许杨虎城继续留在陕北，杨被迫于当年5月27日离开西安，6月29日从上海出境到国外考察。"七七事变"后，杨虎城回国抗日心切，于当年11月底回到香港，即赴南昌见蒋介石请命，从此失去自由，成为张学良第二，直至1949年全国解放前夕的9月6日被军统特务暗杀于重庆郊区戴公祠。而被软禁了半个多世纪的张学良直至1990年才重获自由，最后定居于夏威夷，病逝于2001年，享年101岁。

张学良与赵一荻在台湾

顾祝同2月9日抵达西安后，当日周恩来就会见了顾，之后即与顾和南京派来的和谈代表张冲进行了多次会谈。2月9日当天，毛泽东、张闻天就发电给周恩来，表明"关于和宁（南京）交涉之政治的立场，请参阅致（国民党）三中全会电"。

中共中央在致国民党三中全会电中向国民党提出五项要求：

（一）停止一切内战，集中国力，一致对外；

（二）保障言论、集会、结社自由，释放一切政治犯；

（三）召集各党各派各界各军的代表会议，集中全国人才，共同救国；

（四）迅速完成对日抗战之一切准备工作；

（五）改善人民生活。

该电并表示，如国民党以此为国策，中共愿做出四项保证：

（一）在全国范围内停止推翻国民政府之武装暴动方针；

（二）工农民主政府改名为中华民国特区政府，红军改名为国民革命军，直接受南京中央政府和军事委员会之指导；

（三）在特区政府区域内实施普选的彻底的民主制度；

（四）停止没收地主土地的政策，坚决执行抗日民族统一战线之共同纲领。

而在顾、周会面的前一天（2月8日）晚上，顾也收到蒋介石从杭

日
记
西
安
事
变
——
扭
转
乾
坤
的
十
四
天

州发来的一封电报，蒋在此电报中阐述了与周恩来谈判之基本原则。

"特急。潼关顾主任勋鉴：对恩来除多说旧感情话以外，可以派亲信者间接问其就抚后之最低限度之方式，与切实统一之办法如何。我方最要注意之一点，不在形式之统一，而在精神实质之统一。一国之中，绝不能有性质与精神不同之军队也。简言之，要其共同实行三民主义，不做赤化宣传工作。若在此点同意，则其他当易商量。如彼愿与兄面谈，亦可以此言切实直告，但仅以劝告方式，而非负责任者之态度示意也。以总理与越飞（首任苏联驻华全权代表）共同声明之宣言中，彼越飞当时已承认中国不能行施共产主义而赞成三民主义也。"

一周之后 2 月 16 日，蒋介石特别就红军部队编制数量问题再急电顾祝同。

"对第三者处理方针，不可与之说款项之多少，只可与之商准留编部队人数之几何为准。当西安事变前，本只允编三千人，后拟加为五千人，但五千人之数尚未与之言明也。今则时移情迁，彼既有诚意与好意之表示，中央准编其四团制师之两师。照中央编制，八团兵力当在一万五千人以上人数，不能再多，即以此为标准，与之切商。其余人数，准由中央为之设法编并与安置。但其各师之参谋长与师内各级之副职，自副师长乃至副排长，人员皆应由中央派充也。"

根据蒋介石的"旨意"，红军只准编四团制的两个师，总计 15000 人，中共方面当然不可能同意。至于红军部队副职要由南京方面派遣，自然也是不可能接受的。这个问题经过双方多次的商谈，都无结果，直到"七七事变"，抗日战争全面爆发后，红军的编制问题才得到最终解决。红军被编为乙种编制的三个师（每师二旅六个团，一万人），即一一五师、一二〇师、一二九师，并列入抗战作战序列，设八路军总司令部，每月军费规定 50 万元。

在与张冲、顾祝同谈判期间，顾再次表示同意红军在西安设办事处（联络处）。就此，周恩来和中共代表团人员从张学良的官邸金家巷迁至

周恩来与张冲

七贤庄一号，对外称"第十七路军通讯训练班"。童小鹏回忆："由于电台合法了，我们就启用更大功率的电台，架起天线，同延安的无线电通讯更畅通了。"此时中共中央机关也从保安迁往了延安（1月13日）。之后于2月15日国民党五届三中全会开幕，会议所发表的宣言中表示"整个民族之利害，终超出一切个人，一切团体利害之上"，意"和平统一"，这不能不说是国民党"攘外必先安内"政策开始转变的表现。

"七七事变"后一周后的7月15日，中共中央将《中共中央为公布国共合作宣言》发给国民党，两天后的7月17日南京政府表示承认陕甘宁边区政府，8月25日宣布红军主力改称为国民革命军第八路军。9月22日，国民党中央通讯社发布了《中共中央为公布国共合作宣言》。9月23日蒋介石发表谈话，承认共产党在全国的合法地位和团结救国的必要。至此张、杨发动西安事变的初衷，即"停止内战，一致抗日"的主张得到了最终的实现。

作为参与了处理西安事变全过程的端纳在1936年12月28日，即回到南京的第三天，拜会了英国驻华大使休格森爵士，当天休格森大使将端纳与他谈话的内容用电报发给本国外交部。电报全文如下：

端纳今日来访，以下是他对我所谈内容的概要：

蒋介石的性情令人难处，这使他几乎无法与人讨论问题或接受建议。他曾采取与日本人妥协的政策，并把何应钦、张嘉璈、张群等"亲日分子"安排进政府，在他们的影响下，他看不到全国反对妥协、要求强硬与积极方针的真正情绪。蒋介石夫人和端纳在相当长的时间里促使他采取更强硬、更明确的原则，但没成功。张学良明确地意识到：利用人民的力量反对所谓的共产党人而不去反对日本入侵者，在日本人的要求下镇压爱国救亡运动，这一政策是灾难性的。但是，他甚至不能使蒋介石讨论这一事情，西北的抗日情绪十分强烈。根据中央政府的命令在上海逮捕了七名参加救国运动的杰出的中国人，导致了西安学生示威，但被军警驱散，一名学生死亡，随后发生了骚动。蒋介石拒绝正视时局，这激怒了张学良，他决定效仿那些杰出的中国人，拘捕蒋介石。他这样做了。

拘捕蒋介石，张学良就上了蒋在南京政敌的当了。在端纳看来，他们中的首要分子是亲日派，他们很高兴看到蒋的消失。如果讨伐军进攻西安，或者飞机轰炸这个城市，那就不可能救出蒋介石了。端纳和蒋介石夫人都意识到，讨伐军被有意作为用一种……明显的方式来去掉蒋介石的手段。

蒋介石逐渐认识到局势的严重性。结果，张学良的事变使蒋认清了端纳和蒋夫人长期以来促使他明白的道理：这个国家将不再继续听从于他了，除非他能指引正确的方向。最后，他较坦率地开始讨论问题。原先的八项要求被归纳为以下几点：（1）宣布明确的抗日国策；（2）释放政治犯；（3）重组政府；（4）停止内战。尽管蒋介石是被无条件释放的（如果我正确理解端纳的意思的话），他已经转变了一半了。他对张学良是受真诚的爱国动机所驱使这一点感到满意。张学良自愿陪他赴南京以证明自己的善意以及对中央政府的忠诚，尽管是表面的。

端纳否认曾涉及到或任何时候曾讨论过钱的问题，他甚至否认新闻报道中关于剋扣张学良部队饷金的曲解。

（对于未来）他说将不再对西北地区的共产党继续围剿。他预计将在中央政府内部清洗，采取更积极的方针。他相信蒋介石将在形式上提出辞职，但将应要求而继任。由于这次教训，他将成为一个更强大、更好的领导人。

而抱定"蒋是中国的希望"的端纳，最终还是失望地离开了蒋介石，离开了中国。

参考资料

《西安事变资料丛编》（第一辑），刘东社编，香港银河出版社 2000 年 1 月版。

《西安事变实证研究》，李云峰、杜小平主编，陕西人民出版社 2001 年 12 月版。

《密档中的历史——西安事变》，广西师范大学出版社编，2009 年 5 月版。

《亲历西安事变》，李立编著，团结出版社 2007 年 11 月版。

《张学良口述历史》，唐德刚撰写，中国档案出版社 2007 年 7 月版。

《英雄本色——张学良口述历史解密》，毕万闻著，中国文史出版社 2004 年 7 月版。

《丙子风云录——华清池兵谏与千古功臣》，魏基智、杜小平编著，西安地图出版社 2000 年 11 月版。

《西京兵变与前共产党人》，无文著，香港银河出版社 2000 年 7 月版。

《西安事变新探——张学良与中共关系之谜》，杨奎松著，江苏人民出版社 2006 年 11 月版。

《西安事变临潼兵谏回忆》，政协陕西省临潼县委员会文史资料委员会编，1990 年 12 月版。

《西安事变纪实》，申伯纯著，人民出版社 1979 年 11 月版。

《丙子"双十二"》，杨闻宇、朱光亚著，解放军出版社 1989 年 8 月版。

《中国工农红军西路军文献卷》（上），甘肃人民出版社 2004 年 7

日记西安事变——扭转乾坤的十四天

月版。

《中国工农红军西路军回忆录卷》（上），甘肃人民出版社 2007 年 11 月版。

《毛泽东年谱》，中央文献出版社 1993 年 8 月版。

《周恩来年谱》，中央文献出版社 1998 年 12 月版。

《军中日记》，童小鹏著，解放军出版社 1986 年 6 月版。

《西安事变与第二次国共合作》，陈元方、史础农编著，长城出版社 / 陕西旅游出版社 1986 年 11 月版。

《千古功臣张学良、杨虎城将军》，西安事变纪念馆编，陕西人民出版社 2002 年 11 月版。

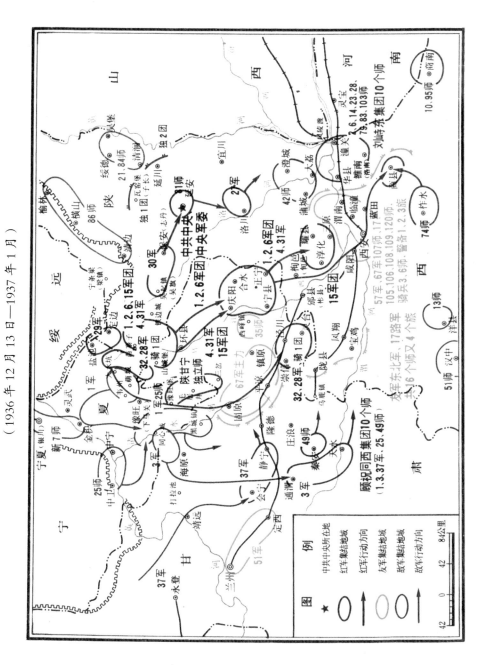

西安事变后红军支援抗日友军行动示意图

（1936年12月13日—1937年1月）

（资料来源：《中国工农红军第一方面军史》，解放军出版社）